嚴道與他的豐富人生

公益的軌跡

The Way of The Public Spirit

葉金川・策劃
張慧中、劉敬姮・著

先天下之憂而憂

孫越

在那個冷鋒過境的黃昏，我們全體隨著他，趕往市郊的一個偏遠處，去參加一場喜宴。雖說鄉間的空地上搭起了那種「辦桌」所用的塑膠棚，可是任你穿著再厚重的外套，卻也抵擋不住襲來的寒風。而這位老人家卻仍是滿面春風，興致勃勃地與大家有說有笑，從開頭到宴會結束，老人家一直都在場，給喜宴平添了一股強大的暖流。日後，那位擔任「董氏基金會」工友的新娘告訴我們：董事長偕同嚴媽媽帶著全體來吃喜酒，讓她好有光彩。她會終身感激！因爲她知道嚴先生和嚴媽媽是晚間絕不出門的。

記得一九八四年我剛戒掉吸了三十七年多的香菸不久，應邀參加當時擔任台北市議員的趙少康先生所主持的一個關於談健康生活的座談會，會議中，我被嚴道先生的那股義正詞嚴所感動，我即時地回應，願今後成爲「董氏基金會」的終身義工，老先生馬上站起身來熱情地歡迎我加入。

在我心中，嚴先生是我此生最敬重的兩位長輩之一，另一位則是爲我施浸的周聯華牧師。

嚴先生曾以實際的行動表示愛國。一九四九年之後，老蔣總統號召海外僑領回國投資。嚴先生不但將海外的全部資金挹注到台灣，而且回國居住，以示響應。

嚴先生有俠義精神。從半世紀前，中國抗戰勝利後，曾為當時的「上海商會會長」仗義打官司，證明王曉賴先生不是漢奸。到幫助香港大企業家董之英先生解決財務糾紛。嚴先生就是這麼俠義，事後也都一介不取。

嚴先生有孝心，從自家的親人長輩，到嚴媽媽（她的妻子，一位資深美女）的親人長輩，他都事親至孝。不是短暫，而是始終如此。完全做到「老吾老以及人之老」。

嚴先生有人溺己溺的大愛精神。他因自己曾受到菸害而傷了他的肺部，所以他在成立「董氏基金會」之後，以他的全部時間、金錢投注在國人的身心健康上。

他的政商關係良好，而他卻永遠用在公益的範圍中，從未謀取私利。在台灣，這是多麼難能可貴的事。

嚴先生視基金會的同仁爲他的子女。他的親切與對每一位同事的關心，絕不影響到他對事的嚴正要求。他會將「人」與「事」分開。

嚴先生有捨己的精神。記得「菸害防制法」在立法院尚未通過的時候，老人家運用所有的關係來協助法案通過，從住在美國的醫院頻頻以ＦＡＸ遊說那些反對「菸害防制法」的立法委員，並隨時指揮我們如何對抗菸商，我看到了這位無視於自己正與癌症搏鬥的病患，嚴先生是一位將同胞的健康放在自己健康之上的人。

嚴先生是一位先天下之憂而憂的人。固然，台灣因政府及公益團體、工商界、學校、家庭及個人的支持打響了「董氏基金會」的名號，但他從不以此爲滿足。老人家更進一步地在一九八九年創立了「亞太拒菸聯盟」。十多年來影響所及，效果宏大。在國際上無人不知台灣有一位大名頂頂的拒菸老英雄「DAVID嚴」，是中國現代的林則徐！從創會擔任會長，後經各會員國一致表決嚴道先生爲「亞太拒菸聯盟」的永久會長。各國的元首都曾接見過嚴道先生。

《公益的軌跡》不是一本歌功頌德的書，它讓我們看到了黎明前的曙光。它讓我們學習到，甚麼才叫「尊重生命」。

我虔誠地盼望，看《公益的軌跡》的讀者，能在讀過此書之後，再傳給你的家人及朋友看，這才叫「好東西要與好朋友分享！」

（作者是董氏基金會終身義工）

以身作則的公益帶動者

陳淑麗

民國八十五年，我遇到了投入公益活動以來最大的挑戰。當時一讀通過的「菸害防制法」草案（民國八十三年通過），由於菸商阻撓，已在立法院沈睡了兩年。爲了趕快完成二、三讀，之間每年立法院開議的時候，Daddy（嚴道董事長）都會發函，且帶著我和孫越叔叔、董氏基金會菸害防制組主任林清麗拜會三黨黨鞭及立委，期望他們把案子翻出來審，然而一直到民國八十五年，立委們開始審查壓箱底的民生法案，我們才看到一線曙光。

爲了讓「菸害防制法」草案早日排入議程，我們召開記者會、公聽會提醒立委還有這個法案在昏睡。當時有記者提醒，「菸商要開始動作了」，準備長期抗戰的我還不以爲意，自認「他們有財力，我有體力和蠻力！」沒想到菸商擅長公關遊說，再正面的立法美意都可以被顛倒成負面的訊息，只要他們一混淆視聽，法案出現爭議，基金會就要有人立刻趕到立法院，向立委從頭到尾再解釋一遍。後來有一個月的時間我天天跑立法院，週而復始地溝通、請託、協調，之間也曾沮喪、灰心，甚至很氣菸商怎麼可以扭曲事實，但只要看到因癌症在美國治療的Daddy，每天仍透過傳眞、電話不停地給我們加油打氣及指示方向，我就有了繼續走下去的力量。一想到他老人家年紀這麼大，在對抗癌症的過程仍把「菸害防制法」草案這個民生法案看得比自己的健康還重要，再累我都會撐下去。

以前我的個性只要遇到事情不順利，就會躲起來，但是這麼多年來，我看到Daddy就算遭逢逆境也不放棄、不妥協，依然把背脊挺得直直的，想辦法尋求助援、爭取認同。耳濡目染之下，我也感染了這份樂觀，相信再小的希望、再困難的事，只要堅持，也能一點一滴完成。

我還記得，和Daddy第一次接觸是在民國七十三年。那時我成功地戒掉十二年的菸癮，Daddy因而邀請我參加拒菸活動，希望我利用藝人的影響力，讓更多人了解戒菸的好處。他老人家眞的很慈悲，我不過參加活動，但是他給我的感覺，好像我做了天大了不起的事，甚至帶著我去各個扶輪社演講怎麼戒菸，我哪會講！正當下了台我擔心自己表現不夠好時，他卻不停地鼓勵我，給我信心，讓我好感動。正因爲他很會帶人，加上某個機緣讓我體認到二手菸的害處，於是不久後我便心甘情願地和孫越叔叔一起加入董氏基金會，成爲終身義工。

加入董氏基金會十多年來，我不曾後悔，也沒想過要離開董氏基金會，背後支持我的力量正是Daddy的帶領，他一直在做一個好的示範。Daddy曾經因爲將心力放在董氏基金會，無法時時關心公司的事，結果公司被人虧空，儘管部屬捲款潛逃，他也沒有後悔投入公益事業。對我而言，他是公益領域一個非常好的榜樣，假如我的第一份終身義工不是選擇董氏基金會，不是跟著Daddy，我不知道自己會不會在公益之路走這麼久。

現在許多年輕的朋友，都習慣將「利」字擺中間，「情義」放兩旁，在這樣所作所爲只想到自己的時代，我很高興《公益的軌跡》傳遞出另一種重情義、擇善固執、樂於分享、回饋社會的想法。假如書中正向的想法能影響到千萬人中的一個人，讓他不吝分享，那麼這個社會又會多了一股向上的力量。

（作者是董氏基金會終身義工）

滿心慈愛，所以堅持

吳伯雄

曾經擔任菸酒公賣局長長達三年半，手上賣出的香菸數以百億計，現在想起來，雖然是爲國家做事，心中仍有不安。而我的菸癮是從學生時代的好奇開始，到當兵的時候上癮，一路抽了二十多年，而數量愈抽愈多，一天至少要一包以上。

民國七十七年我擔任台北市長，有幾回在市議會開會的休息時間，與議員們人手一支菸的照片被記者拍下來，刊登在報紙重要版面，而我也在幾天後接到了嚴道先生的信。

嚴先生在信中可以說是「軟硬兼施」，一方面說他對我期許甚高，注意健康是對社會的責任，希望我能趕緊把菸戒掉，一方面嚴正地指責我，身爲市長的言行舉止動見觀瞻，吸菸的行爲對年輕人是非常不良的示範。嚴道先生的那種熱忱及鍥而不捨的苦口婆心，戒菸的種籽漸漸地在我心中萌芽。

到了民國七十九年六月三日（世界禁菸日），我終於下定決心參加禁菸晚會，在

序三・滿心慈愛，所以堅持

電視機前誓言要擺脫二、三十年的吸菸習性。我開玩笑地告訴自己，今後大概不會再收到嚴先生寄來的信吧！沒想到就在隔一天，一封由嚴先生屬名的信函出現在我的辦公桌上，我的心中滿是詫異，打開信函一看，自己不禁莞爾，原來嚴先生得知我下定決心戒菸後，竟希望我成爲董氏基金會的終身義工。

從此以後，我加入了嚴道先生、陳淑麗小姐、孫越先生的反菸陣營，陸續地擔任拒菸運動的代言人。我不但不再收到嚴先生勸誡的信函，也開始主動地告訴我的朋友們吸菸的壞處，希望他們也能夠把菸癮戒掉，像我一樣成爲一個快樂的董氏義工。

猶記當年嚴道先生剛開始推行拒菸運動，可說是孤軍奮鬥，那時得到的支持與認同其實相當有限，有吸菸的人普遍的態度就是——吸菸是我個人的自由與抉擇，而不吸菸的民眾則認爲事不關己，大多數都是冷漠以對。但由於他的那種宗教家的熱忱情懷，拒菸終成爲社會的主流價值，政府也以立法來呼應，可說是「得道多助」。嚴道先生的壯志與堅持，「現代林則徐」的稱呼受之無愧。

《公益的軌跡》傳達了一位平凡的人，卻擁有著一顆不平凡的愛心，它告訴我們愛的實踐是需要堅持的，它更像是一種啓示，一種跌倒了無懼，再自己爬起來繼續前行的啓示。

（作者是伯仲文教基金會董事長）

助人者人恆助之

葉金川

在我擔任健保局總經理之時，有一天，嚴道董事長帶著孫越、陳淑麗以及董氏基金會菸害組主任林清麗來找我，目的是爲了拍攝以關之琳爲拒菸代言人的禁菸廣告短缺兩百萬。

當時我二話不說就答應了他們的請求，但是這件事讓我感觸最深的是，嚴董事長那時年歲已不小了，加上孫越、陳淑麗，可是爲了區區兩百萬，需要到處奔走，卑躬屈膝尋求各界支持。我當時只是覺得過意不去，他做的事其實是爲這個社會而做，並不是爲了他個人，這是社會每個人的責任，不單單是董氏基金會及嚴道個人的責任。

一直以來，我印象中的董氏基金會，是組織嚴謹、財力雄厚的團體，但是在這次接觸之後才發現，董氏基金會靠的是嚴道董事長的毅力和堅持，以及許許多多朋友的熱心義助。

基金會的經費是如此拮据，我其實相當訝異。基金會的經費，主要依靠基金定存銀行孳息，另一部分則是嚴董事長個人的經費。我曾向嚴董事長提起，依政府規定，財團法人基金少部分可以用於投資，基金會也可以直接向一般民眾募款，讓籌措資金管道多元化。嚴董事長基於不喜讓人有不樂之捐，一直不曾對外募款。

幾次接觸嚴董事長，他的奔波辛苦與孜孜矻矻令我印象深刻，因爲經費拮据，對於每一分錢都加倍珍惜，可以說是一塊錢當兩塊錢用。嚴董事長不僅奉行「能省則省」的哲學，對於「該用當用」的意涵也發揮得淋漓盡致。

一九九八年，第五屆亞太地區拒菸會議（ＡＰＡＣＴ）於菲律賓舉行，負責人 Daniel Tan 向嚴董事長報告舉辦ＡＰＡＣＴ會議經費困難，嚴董事長毫不猶豫，當場允諾資助幾萬美金，協助ＡＰＡＣＴ順利舉辦。我後來才知道，爲了協助泰國對抗美國動用三〇一法案向泰國傾銷菸品，嚴董事長也是不吝經費大力資助，並因此得到泰皇蒲美蓬頒贈「泰皇最高三等司令勳章」。

另一件事是，在馬英九和我皆尚未允諾擔任基金會董事長與執行長之際，嚴董事長已經用自己的經費花下八百多萬，著手重新隔間、裝潢辦公室，並且爲馬英九和我各準備了一間辦公室，表示「虛位以待」的誠意。這件事讓我感到非常愧疚，覺得不該讓嚴董事長花這筆錢，可是也再一次見識到嚴董事長「該花則花，該省則省」的用錢原則。他可以爲了到餐廳吃一頓飯，多方打聽菜色如何、價格是否公道、是否有折扣，但他認爲該做、值得做的事情，花起錢來卻是面不改色，即使自己掏腰包他也堅持要做。

四年前我來到基金會，中間借調台北市衛生局兩年半，去年再度回到基金會，與嚴董事長有了更近距離的互動後，愈來愈了解他的爲人與原則，尤其是對事情的堅持，是我做不到並且需要學習的。堅持的另一面是固執，我常常思考，什麼是堅持？什麼是固執？如果是對的事，「雖千萬人吾往矣」這是堅持；如果是錯的事，仍然執迷不悟，便是固執。而這當中最困難的地方，在於如何辨別對錯，恐怕只能隨著時間、歷練、成長，以成就智慧，這正是我在嚴董事長身上看見的，是一個充滿智慧的長者。

《公益的軌跡》記錄嚴董事長自大陸到香港、巴西，輾轉來到台灣的歷程，很少人能夠像他有這樣的機會，擁有如此豐富的人生閱歷。他的故事，是一部眞正有色彩、有內涵的美麗人生，相信此書是給讀者最好的禮物，從平凡之中看見大道理，從一點一滴之中，看見一個把握原則、堅持到底，熱愛生命、關懷社會，眞正是「一路走來，始終如一」的勇者。

他對基金會無怨無悔的付出，是我願意來到基金會的原因之一。我常常會感到很遺憾，自己不是企業家，我能給的只是時間與勞力，但還是不夠，他的無私付出，督促著我必須協助基金會永續經營的責任。基金會在嚴董事長帶領下，像是個大家庭，我將基金會當成自己的家，嚴爸和嚴媽就是大家長，同仁就像親人，如同同仁說的，「江湖險惡，唯家是寶」，這種感情，正是基金會最可貴、最值得珍惜的資產，也是永續經營的力量。

本書能夠完成，要特別感謝作者張慧中、劉敬姮，以及基金會大家健康雜誌總編輯葉雅馨。雖然我早就盤算著要為嚴董事長出書，記錄嚴董事長一生奉獻公益的努力與堅持，直到編輯企劃底定，已是今年初的事了，兩位作者可以說是「臨危受命」，在短短的七個月時間，從收集資料、採訪、寫稿、確定資料的正確性，之中來來回回經過多次修改，才呈現今天的面貌。葉雅馨總編輯在基金會服務了十八年，對嚴董事長有相當深刻的認識與深厚的感情，在本書資料的確認與編輯，給予最關鍵性的協助與意見，特別謝謝他們的辛苦。

（作者是董氏基金會執行長）

中華民國九十一年七月四日

先天下之憂而憂

公益的軌跡

The Way of The Public Spirit

·目 錄·

公益的軌跡

The Way of The Public Spirit

·目　錄·

嚴道

楔子

被台灣全民譽爲「現代林則徐」，也曾被孫越推崇爲「台灣的希望，中國的希望，公益上讓人敬重的長者」的董氏基金會大家長嚴道先生，已帶領董氏基金會走過十八個年頭。

在這十八年中，董氏基金會以菸害防制著手，兼顧營養、環保、心理衛生、器官捐贈等多元目標，雖然每項工作的起跑點、進行方式、階段性任務不盡相同，但「一路走來，始終如一」，均已具體實現基金會當初「增進國民身心健康，預防重於治療」的成立宗旨了。

生於民國十年，現年八十二歲的嚴道，個頭雖不高，但溫文儒雅、慈眉善目，且生性熱情，樂於爲人服務。一口讓人感到親切的上海口音，誠懇而幽默的言詞，隨時可從口袋中掏出好吃的餅乾點心，常讓人如沐春風。他是一位充滿智慧的長者，也像是童心未泯的鄰家爺爺。

CHAPTER 1

學習成長的年代

善心善行源於幼時

生長於富貴之家的嚴道，因父親的事業重心大部分在蘇州，所以雖然祖籍上海市，但幾乎都在蘇州成長。

由於家族人口眾多，一間四合院塞得滿滿整個家族，開飯時非得敲鐘通知，才能全員集合。

嚴道全家和爺爺、奶奶及姑姑、叔叔，還有堂弟妹共同生活，家庭氣氛十分熱鬧，所以也養成了嚴道活潑、不怕生，喜歡與人打交道的四海個性。

在爺爺、奶奶的九個子女中，嚴道的父親嚴慶祥公排行老大，而嚴道又在自己的七個兄妹中，排行第二，上面只有一個大他兩歲的哥哥。在這種長房、長孫的教養倫常關係裡，嚴道很自然地成爲同輩中的老大哥。

嚴道記得，每當遇到堂表弟妹爭執打架之時，他的老大性格就出現了。爲了調解與仲裁手足間的紛爭，他往往義無反顧、自認理所當然地對平輩的弟妹們開講訓示，而且往往他也頭頭是道地說出一篇篇讓弟妹們信服不已的大道理。

CHAPTER 1

學習成長的年代

嚴道主持正義的講詞通常是：「做人要公正，不能以大欺小，不能欺騙人……」。自詡傲骨中帶著三分俠義風格的嚴道，性子急，又霸道。那時除了在家維持自以為是的正義外，圍事的範圍竟還延伸到哥哥的地盤。

嚴道回憶，有回哥哥在學校受了同學的欺侮，他就是看不過去，所以自信滿滿地挺身而出，非要以小搏大，和哥哥的同學較量過招，以替哥哥討回公道。

然而嚴道的萬仗俠氣，總是被奶奶搖著糖果罐，呼喊兒孫們來發糖果的柔情聲給融化。每當此時，弟兄們爭先恐後向奶奶吵鬧大叫：「我還要！我還要！」嚴道反而將自己拿到的糖果分些給弟妹，剩下的糖果則轉身到後院傭人集散的地方，轉手分給他們。後來奶奶明白嚴道的心思後，常常故意多給他一些小零食、糖果餅乾，好讓他分贈給大家。

貧乏而正義的富家子弟

家中擁有電廠、鋼鐵廠、百貨公司以及兩座紡織廠的嚴家，可說是蘇滬地方無人不知、無人不曉的名門望族。而母親李蕙君女士的娘家，也是地方上的朱門繡戶，所以說嚴道是含著銀湯匙出世的貴族公子，一點也不為過。

可是不同於其他的富家公子，家境富裕的嚴道卻幾乎沒吃過一餐山珍海味，穿過一天綾羅綢絲。嚴道猶記，小時候十分羨慕二叔家的堂兄弟穿好的衣服，有一次學校裡有表演，嚴道還向堂弟借衣服。然而也因爲父母的堅持，嚴道的成長過程，實際上是過著比窮苦人家還貧困匱乏的日子。

小學二年級時，那年冬天，嚴道穿著叔叔們傳下來的舊毛衣，由於毛衣已被洗得薄如麻布，凍得嚴道直打哆嗦，老師誤以爲嚴道家境清寒，提議全班同學發揮愛心，捐錢爲嚴道買一件新毛衣。嚴道見同學與老師這樣關懷自己，不得不講出自己富裕的家庭背景，請老師千萬不要誤會。

老師滿臉詫異、不可置信地說：「你家供應蘇州大半的電力，又有蘇州最大的紡織廠及百貨公司，那可是富甲一方的大戶啊，怎麼可能穿成這樣！」老師一番無心的話，說得嚴道無地自容。但後來，還是因爲好心的老師前往嚴道家做家庭訪問，嚴母才趕緊派人到自家的百貨公司拿了件新毛衣給嚴道穿。

穿著外，嚴道家的伙食往往不及薪水人家豐盛，甚至還更爲簡樸，就連逢年過節，桌上也很少見到大魚大肉。嚴道父母常將：「白吃白胖，長大以後開典當」的俚語掛在嘴邊，以訓誡孩子們一定要節儉，甚至過年都以「悶聲才能大發財」爲由，捨不得買串鞭炮放。所以偶爾去到外婆家，享受想吃什麼就有什麼的好日子，讓嚴道常常有「上了天堂也不過就是如此」的幸福感覺。

人格塑造起點充滿傷痕

在嚴道的印象裡，父親是家中崇高、不可侵犯的精神堡壘，但也因父親生性嚴謹、勤奮的完美主義性格，讓他在教育子女的態度上絲毫不放鬆，甚至有點過度求好心切。

嚴道說，事業遍及全國各地的父親，雖然終日在外奔波，一年難得回家幾趟，但每當父親回家後，管教起許久不見的子女，語氣與作風仍不見半點慈愛，反而更形嚴厲與不合理，造成他幼時心靈極大的失落與傷害。

天性喜好自由，性情好動，不拘小節的嚴道，因常常無法忍受父親刻板、單調的管束，偶有些小小的越軌行爲。所以在嚴父的眼中，從小叛逆、不服從權威的嚴道，從來就不曾是個聽話的乖孩子。

嚴道難過地回憶：有一次，父親從外地回來，心血來潮拿起一本國文書，任選一篇文章就要他熟背內文，嚴道嚇壞了，當然背不出來；嚴父不滿意，又翻了篇文章，嚴道哪裡背得出來？結果嚴父不分青紅皀白，一耳光將他打翻至沙發背後。

父親那記「愛之深，責之切」的紅印，讓嚴道暗中淌了不少眼淚。雖然成長之後，嚴道慢慢了解父親打他的用意，但成長過程中，不可避免的，和父親的感情，還是有了相當程度的距離感。

因爲父親陰晴不定的脾氣，讓嚴道吃足了苦頭，也讓他畏懼與父親單獨共處。在和父親少有的接觸中，嚴道猶記得，在每次的交談中，他與兄長幾乎都在揣測父親的心情與說話的用意，而且常常弄得身心俱疲。

有一回，爸爸帶嚴道和哥哥、堂弟去蘇州松鶴樓吃飯，嚴道直覺「這其中必有緣故！」否則平日節儉成性的爸爸，怎麼可能捨得花錢？

年紀輕輕的嚴道，一下子便敏感地嗅出，這其中似乎暗藏著父親藉機對他和哥哥嚴苛的考驗。所以在爸爸問他要點什麼菜時，嚴道只點了簡單的炒白菜、炒青菜；相對地，哥哥卻坦言眞心想吃「炒蝦仁」。

果不其然，點完菜，講不到兩句話後，爸爸開始訓話了。在父親「克勤在邦，克儉在家」的庭訓下，嚴道的青菜是吃到了，但哥哥的炒蝦仁，卻是白挨了一頓罵，連個影也沒見著。

嚴道成長之後回想起來，覺得父親採取這種特殊的教育方式，讓他們明白「吃得簡單，一樣能吃飽」，「有錢之時常記無錢之苦」的人生道理，雖然用心良苦，卻也在無形中疏遠了親子之情。

有了這樣深刻的體悟，嚴道在身爲人父之後，便時時警惕自己，在教養子女與對待他們的態度上，絕不能重蹈父親的覆轍，讓自己與子女間再存有這樣心酸隱痛的隔膜。

庭訓銘心 一生不忘

一九四九年大陸淪陷後，嚴道與父母分隔兩地——父母親留在上海，他則前往香港、巴西經商。那時每輒收到父親捎來的家書，他都不敢因父親不在身邊，而輕率應付了事。

嚴道的父親不只在收到嚴道的回信後，會立刻覆文指正，更會一絲不苟地提出，嚴道在信中的疏漏或忘記答覆他所問的問題，或是寫字潦草。有幾次，嚴道慎重其事地認眞回信，嚴父卻又吝於讚美兒子，而推說一定是嚴道太太寫的，讓嚴道好不失望。

除了做人做事的態度要認眞之外，嚴父堅信：「每個人都可以有所作爲」，並且可以經由一些「有意義」的行動，使世界變得更加美好。

嚴道先父嚴慶祥先生與先母李蕙君女士。攝於1985年6月。

嚴道記得，從小父親雖要家人縮衣節食，但卻十分樂於幫助周遭貧困的人。父親施米、給錢、蓋學堂、提供工作機會……，對能盡力助人的事，一點都不吝嗇，也不藏私。而父親這樣積極行善，造福鄉里，正是源於祖父、曾祖父的身教。

CHAPTER 1

學習成長的年代

嚴道的曾祖父嚴玠廷公，曾任上海自來水公司經理，五十歲時因罹患重症，爾後痊癒。在歷經一場生死的粹煉後，對人生的無常有了極深的體悟，便把部屬和朋友所欠的債券，全部無償退還，一方面了卻了他人的負擔，一方面也放下了心中對金錢的執著與罣礙。

抗日戰爭伊始的八一三松滬戰役後，蘇州、常熟、無錫、上海相繼陷落，嚴道父親所經營的大隆鐵廠遭日軍佔領，本人也被抓去盤問。嚴慶祥公除向日軍幾番據理力爭，得以捨身護親、全身而退外，還不斷與敵寇周旋，以經濟戰鬥和破壞敵人棉花統制的方式，獲取利潤回餽社會，並以嚴道先祖父名義辦理助學、助教金，並對種種社會福利慷慨捐輸。

承襲了先祖的遺志，當大陸陷入了共黨統治的非常時期，嚴道父親出奇的表現，顯示了他更豁達、寬恕的心胸。

那時正值壯年，處於事業顛峰的嚴父，在頻受大環境的逼壓與打擊下，毫不留戀地將辛苦建立的龐大家業，與難以計數的家產全部交出。不求名利、甘於淡泊，嚴父最終僅留下一間可供家人遮風避雨的車庫，從此開始過著練毛筆、畫國畫和讀古書的清心寡欲日子。

有了祖父及父親的善行先例，嚴道在不知不覺中也備受感召。「後來我會無怨無悔地投入公益，便是受曾祖父、祖父及父親『以社會爲己任』的影響。」嚴道說，嚴道父親畢身潛修孔孟思想，不啻以儒家「嚴以律己，寬以待人」的處世準則約束自己，更依此觀照他人。

對於父親融合博愛和仁義的處事之道，及「追求高貴的人格」，「凡事盡其在我」的哲學思維，隨著處世經驗的豐富，年齡日漸的增長，嚴道也愈來愈有所領會，亦下定決心，終生遵循父親的遺風，矢志不移。

在嚴道的眼中，父親愛國的熱忱與對同胞的大愛亦讓他銘諸在心，永感不忘。

在共產黨領導大陸，嚴家遭逢家變後，嚴慶祥公雖被迫居於陋室，但他心如止水，不恨不怨。惟獨從他桌前放著「熱愛國家」的偌大刻印，胸前不時別著國父孫中山先生所書「天下爲公」的襟章，讓人感受到，他對國家山河色變的痛心與悲憤。

CHAPTER 1

學習成長的年代

移居至台灣後，嚴道曾多次接雙親來台小住，而嚴父每次總會到大溪慈湖蔣公的陵寢前跪拜，沉思落淚。

爲了幫助同胞，嚴父亦曾劍及履及將多年來珍藏的畫作，送至台北董氏基金會舉行了一次畫展，然後將最受好評的作品，結集成精選畫冊。在畫冊出版的發表會上，嚴父還抱病參加，親自爲購買畫冊的人簽名留念，將這本暢銷畫冊的所得，全數捐給了董氏基金會。

「我父親對社會國家的熱愛，眞可用『至死不渝』來形容。」爲了期盼能盡早見到兩岸統一，華夏子孫大團圓的光榮時刻，嚴父交代嚴道，等他過世後，要將他的骨灰灑在台灣海峽上，讓他爲全中國人祈福。而父親最後的心願，嚴道幫他完成了，同時嚴道也從父親一生的行事中，延續了「愛國愛民」與「積極公益」的家風。

從磨鍊中培養性格

緣於父親「子女應培養獨立自主個性」的教育理念，上小學的那年暑假開始，嚴道與大哥便在父親安排下，進入自家工廠實習一年。沒想到這一年實習的日子，竟意外改變嚴道的一生。

嚴道記得，當時哥哥自認是「小老闆」，不願與工人爲伍。嚴道則自願下工廠，與工人吃住在一塊。由於跟工人們相處十分融洽，他慢慢了解工人階級的苦處，還常暗暗替他們悲嘆：爲什麼這些人的生活這麼苦？

有一天，睡在下舖的嚴道，突然聞到一股尿騷味，接著便發覺上舖滴下水來。剛開始不明就裡，嚴道誤以爲睡上舖的工人貪懶，因不上廁所而尿床。待仔細一瞧，才發現睡上舖的工人病得不輕，全身發高燒，爬不起床卻無人聞問，只好尿在床上。

看到此情此景，嚴道忘了自己僅是個娃兒，也不因自己「小開」的身分責罰工人，反而召來管理人員，指正其不人道的帶領方式，直言要求廠裡的管理人員帶工人去看病。

這件被嚴道形容爲「太不公平了」的事件，使嚴道稚嫩的心靈受到嚴重衝擊，而在心中埋下「路見不平，拔刀相助」的種籽，讓嚴道終其一生，誓言絕不虧待人。

看書速度飛快，特別鍾情於武俠小說的嚴道，自小便十分嚮往大俠們主持正義、打抱不平的俠義精神與行徑。在經過工廠見習的歷練後，嚴道更加明白，「行俠仗義」

不只是個口號，光喊喊就夠了，若要社會眞的擁有公平與正義，還是要靠積極的行動與作爲才能達成。

風起雲湧的「一碗飯運動」

「信奉正義要篤志力行」，青年嚴道在就讀東吳大學附中時，日本侵華野心日熾，政府點召學生接受軍事訓練，年僅十六歲的他，也跟著一班學長磨拳霍霍地加入反日的行列。

受訓不久，抗戰爆發，嚴道憑藉一股愛國心，決心從軍，沒想到卻因年紀太輕而被拒絕。嚴道不死心，又從家裡開著車子，直達軍隊向指揮官表示自願擔任運輸員，好一償報國的願望，雖然後來還是沒有如願，但嚴道的愛國精神，卻給當局留下深刻的印象。

嚴道就讀高三及東吳大學法律系一年級時，正值抗戰初期八一三淞滬戰役後。那時大批離鄉背井的難民，湧進上海後流離失所，過著飢餓挨凍的非人生活。嚴道目睹此情此景，惻隱之心油然而生，便在自己帶領的學校基督教團契，發起「大家少吃一碗飯，省下錢來捐給難民買糧食」的學生運動。

在團契的成員不多的情況下，嚴道最初的構想，只想以微薄的力量盡點心意罷了。不料這項運動一經公開呼籲，竟激發起國人『人溺己溺、人饑己饑』的同胞愛情懷，演變成全上海市大學生同步響應，甚至全上海各界都熱烈參與的社會運動。

嚴道說，當時各大專院校的學生，分別在自己校內設立分支組織，負責統籌收集捐款及物品，最後，因爲得到的款項實在多到學生無法自行處理，只好轉交給教育部，勞煩其統籌發放。

由於「一碗飯運動」大大成功，成爲當時一段佳話，年輕的嚴道從自身的經驗，悟得了一個寶貴的啓示：「一個人只要有目標，想要爲別人做點事、幫人家一些忙，應該都是辦得到的！」自此他不再小看自己的影響力與力量。

因爲「一碗飯運動」，嚴道熱忱耿直的性情，敏捷有效率的動員力，引起當時重慶政府的注意。一次因緣際會，他被網羅參與到日本幫助優秀、忠貞留日學生返國抗日的重任，嚴道稍微考慮了一下，便在大四那年辦了休學，開始學習日文，準備赴日報考京都帝國大學。

「當時留日學生歸國後，因為具備日語專長，通常都是到南京的親日偽政府汪精衛那兒工作，可是大多數學生心裡，還是向著重慶的抗日政府，而我就是奉派到日本，調查哪些人確實是愛國青年，再將他們招攬至重慶，為政府服務。」那時，嚴道滿腦子「救國」思想，不加思索地便接受此一危險任務。

在東北籍的老師「學不會就以棍棒伺候」的嚴格培訓下，半年後，嚴道等人便能以簡單的日語回答所有的題目。

一心想為國家出力的嚴道，旋即被政府派往日本，參加一連串嚴格的筆試與口試。不負眾望的嚴道，很快地便以優異的成績考取京都帝大經濟系，從此他便以外籍學生的身分為掩護，在日本鼓勵留學生心向重慶政府。

不顧安危赴日留學

由於當初赴日主要的目的，就是和留日學生打交道，吸收留日菁英返國參與抗日戰爭，所以在日本的兩年，嚴道坦言，在課業的表現與學習上，幾乎是一片空白。

善於分析事理的嚴道，來到日本沒多久後，便清楚了解到，其實日本當時最想收買的是中國的人心，所以絕不會故意爲難他，或無端挑起中國人的仇視心理。在洞澈日本人心態後，他便更有恃無恐地抒發愛國情操。

由於嚴道在任何場合，從不掩飾自己對國家的熱愛，也從不羞於展現自己對國家披肝瀝膽的忠誠，因此衝著他這種光風霽月的豪情，反而結交許多意氣相投的日本同學及中國友人。

「我的行爲，不算是間諜，而是愛國的工作，所以日本人就算找我麻煩，把我抓去關，也不會有生命危險。」

話雖如此，在日本兩年期間，嚴道曾發生過許多有驚無險的插曲，甚至還曾被當做特務關進牢裡，遭到刑囚及拷打而傷及內臟。那次被刑求的折磨，在嚴道的身體形成舊傷，留下了不小的後遺症，造成他在五十二歲時，也因此動一次大手術，切除三分之一的右肺葉。

還有一次，嚴道在火車上與友人聊天，結果身旁的日本學生輕蔑地罵他「亡國奴」，嚴道不甘示弱反脣相稽，兩人大吵起來，一起被抓進警察局訓誡一番，最後由滿

CHAPTER 1
學習成長的年代

洲鐵道公司主要負責人大川周明、朝日新聞記者太田宇之助等兩位「日本貴人」力保，並安排在議長家中暫住一陣子，才得化險爲夷。

「當時，議長夫人把我當成兒子般照顧著，讓我誠惶誠恐，深覺受之有愧，只好滿懷感謝地留書不告而別。」雖然留日期間始終有貴人相助，但膽大心細的嚴道，還是曾發生識人不清的錯誤，而遭人設計，誤入圈套被關起來，險些丟了小命。所幸大川周明先生，憑著寬廣的人脈及時搭救，他才得以全身而退。

大川周明是「大東亞共榮圈」運動的發起人，與嚴家父執輩交情匪淺，嚴道赴京都帝大讀書，就住在他家裡。「大川是我的大恩人，也是影響我一生很深的日籍長輩。」知恩必報的嚴道，獲悉戰後大川以戰犯遭國際法庭起訴，立刻不避人耳目地前往探監。直到今天，嚴道對大川夫婦依舊流露孺慕之情，也常懷感恩之心。

至於朝日新聞資深記者太田宇之助先生，則是嚴道佩服的另一位日本友人。嚴道說明，太田宇之助曾追隨國父孫中山先生革命，也是跟著蔣公北伐、抗戰的隨身記者，他與張群、何應欽等黨國大老感情甚篤，更是一位對中國的留日學生十分照顧的慈愛長者。

嚴道非常欣賞這位熱愛中國的日本人，而這位日本前輩，也曾在其著作中，多次提到嚴道這位「大時代的愛國青年」，並詳述嚴道在日本留學期間的英勇事蹟，及爲了不願被蔑稱爲「亡國奴」，而與日本學生發生衝突的經過。

嚴道印象所及，太田對中國有著極爲濃郁的愛，也對中國留學生有深厚之情。他有位當過東京都民生局長的女兒，名字叫曄子（取意日華合一），即可反映他多麼熱愛中國的心境。太田生前還曾特別預立遺囑，將東京市區偌大的住宅，捐出來當中國留學生招待所，且規定「不可分大陸和台灣學生，只要是中國學生都可以去住」。太田無私的「大愛」，嚴道終生感念在心。

自日脫險重爲學生

在日本兩年多後，嚴道感覺局勢有了不利的變化，立即取道日本北部，偷渡到韓國，再從中國東北到北京，以徒步、乘車兩種方式，歷經艱險，秘密潛逃回上海。

當時，嚴道穿著日本的學生制服，身無分文，又窮又餓，沿路還要接受日本兵的嚴密盤查，日子過得十分驚險。有一次，嚴道被日軍逼問得無話可說，又唯恐說錯話會招致不測，他只好裝傻、打迷糊仗，被強抓去打了預防針，才得以被放行。

CHAPTER 1

學習成長的年代

千辛萬苦回到上海，嚴道本以爲可以回家避避風頭，但看局勢，他知道此時絕不能回家拖累家人，必須直接到內地去，才能求得暫時的平安。但口袋空空，前往內地的路程又遙不可及，在求助無門的情況下，嚴道只好向母親開口，請媽媽金援他，助他一臂之力。

不便明講逃亡的詳細實情，嚴道自然沒得到母親的允諾，獲得資助的路費。但是心知晚一天離開上海，便多一分危險的嚴道，在迫不得已的情況下，只好再打一個電話給哥哥，請哥哥幫他籌措上路的盤纏。

得到兄長的口頭應允，嚴道依約來到上海火車站。可是沒想到，在火車站苦苦等待哥哥送錢來的他，卻直至火車離站的鈴聲大作，仍未見到哥哥的半絲蹤跡。

隨著火車緩緩開動，嚴道的心也漸漸破碎。憶當時，嚴道覺得哥哥的無故爽約，不僅讓他內心感到無比心酸和痛苦，也因希望落空的打擊，讓他幾乎瀕臨崩潰。

內心的翻攪與沉痛，讓素來冷靜的嚴道，腦子一片空白。經過一番沉澱，稍微定了定神後，嚴道才恢復往常的鎮定，抱著最後一線希望，在車內找找看有沒有熟識的友人。

所幸一陣尋找後，嚴道在某個車廂中，碰到一位曾和家中紗廠打過交道的何姓舊識。聽完嚴道的說明，何先生立刻拿出身上所有的錢，表示等會兒將在無錫下車，這些錢可以全部借給嚴道。嚴道一聽，欣喜若狂，趕緊寫了一張借據，請何先生日後到嚴家紗廠拿回這筆錢。有了這筆及時雨，嚴道終於安心了。經過一個多月的長途跋涉，才撐著疲憊的身心抵達重慶。

脫險返回內地後，嚴道重新投入重慶的抗戰行列，並補完大四的課程，在二十歲那年，提前順利完成大學學業。

畢業之後，嚴道隨即在中央日報寫政治評論專欄，同時又到武昌市中華大學和東吳滬江聯合大學兼課，度過一生中最平凡安適的一段日子，直到抗戰勝利後才返回上海。

嚴道回到故鄉，對家人的未能資助路費，完全不計前嫌，也聽說何先生事後並沒有去紗廠拿回他的借資，因此心中更加敬佩何先生的爲人。日後，嚴道赴美求學，繼而返回香港創辦亞洲建業公司，感恩圖報的他，理所當然地將身陷大陸的何先生列爲股東，並大力資助何先生去美國求學的女兒。

嚴道說，自己一生的座右銘，就是：「知恩必報，對人寬容」，所以別人有恩於他，他一定會想辦法報答；相對地，若有人負他騙他害他，他卻寬容以對，不去記仇，因爲他認爲：「別人負我，是他的問題，我自己只要活得心安理得就夠了。」

CHAPTER 2

海外創業的年代

三老事件促成出國

抗戰勝利後，嚴道重返上海，當他親眼所見故鄉的一景一物經過戰火無情的蹂躪後，已是滿目瘡痍、柔腸寸斷的殘破圮毀，他愛鄉愛國的熾烈熱情又再度被激起，義無反顧地投入了百廢待舉的戰後重建事業。但這份喜悅又充滿希望的心情，卻因隨後發生的上海「三老」入獄事件，使他心灰意冷地赴美讀書，成爲生命中重要的轉捩點。

原來上海「三老」——聞蘭亭、袁履登和林康候，在上海被日本軍攻佔的艱困時期，曾慷慨地挺身而出，與日本軍方交涉，爲鄉親爭取民生必備的物資像油、鹽、米、布等。每當「三老」歷經險阻，從日軍那兒掙來微量的日用品後，亦從不藏私地分配給淪陷區的苦難同胞，因此他們樂善好施的美名自是不脛而走、眾所皆知。

然而，抗戰勝利後，政府竟將他們忍辱負重的作爲羅織以「漢奸」的罪名，將其逮捕入獄。上海人知道後，莫不義憤塡膺，覺得政府處置不公。而向以俠義爲己任的嚴道，更覺得這種偏頗、草率的判決完全抹煞了事實，並未公允看待「三老」爲百姓所付出的努力，所以便帶頭爲「三老」洗刷冤情。

CHAPTER 2
海外創業的年代

熟稔「書生救國」的模式，嚴道自是認爲「以筆爲人民喉舌」，將是非公理訴諸爲文，是最能夠引起政府正視「三老」事件的方式。於是不容「三老」承受不白之冤的嚴道，便在上海紡織業同業公會登高一呼，集資創立「新夜報」，自己擔任社長，發動各界撰文聲援「三老」，並首開在報上進行民意測驗的先例，廣徵市民對「三老」的評價，及對「三老下獄」案件的看法。

當時上海的老百姓莫不對這宗「訴諸民意」、「展現民主力量」的作法，抱持高度的熱忱與希望。

報紙付梓的當天，熱騰騰的民意還在油墨機上轟隆隆地滾印著，就有許多民眾排著長龍等候購買「新夜報」。最後經報紙公布的統計結果顯示，九九%的上海鄉親認爲，「三老」不但不應擔負漢奸罪名，反而應該立即釋放，並將其表揚爲「民族英雄」才對。

可是這場爲人平反的「民主之爭」，最後竟事與願違，「新夜報」不僅在政府強烈出面干涉下，被迫強制轉交予潘公展先生，就連嚴道也被勒令要求限期「出國」，不許再繼續留在上海。

被剝奪了發聲的管道，嚴道就如同寶劍已失的俠士無法再伸張正義，只得黯然轉赴美國攻讀法律博士。

嚴道人雖到了海外，卻仍心心念念為「三老」申訴，遂火力十足地隔海繼續發動聲援「三老」的行動。自稱「也算是白色恐怖的受害者！」的嚴道，不單毅力驚人，持續動員一波波的聲援，經過一段時間，三老終於獲判「緩刑」的處分，使抗爭事件得以差強人意地落幕。

直攻法學博士學位

由於出國深造並非出於自己的計畫，嚴道前往美國印地安那大學深造時，打定主意直攻法學博士，希望在最短的時間內取得學位後，能立刻回國貢獻。

為盡速完成學業，嚴道選擇一年四學期、全年不休的上課方式。果然，不出三年，嚴道在二十九歲那年，便順利取得博士學位，再次展露他「千磨萬擊還堅勁，任爾東西南北風」的不屈意志和堅韌性格。

取得學位後，嚴道選擇落腳香港，在此開業。但礙於英、美法制的不同，嚴道在

CHAPTER 2

海外創業的年代

美國辛苦取得的學位，在香港竟毫無用武之地。嚴道很快地認清現實狀況，爲了免除坐困愁城的憂慮，他旋即決定從紡織機器、零件進口及商品出口等貿易領域開始創業。

嚴道在香港華人街四〇七號，租了一張辦公桌椅，「一人」貿易公司就這麼開張了！

擁有千里之志的嚴道，雄心萬丈地將公司命名爲「亞洲建業公司」。爲了感恩當年家族友人何先生在火車上的即時援助，使他能安然地逃抵後方，嚴道主動將何先生列爲公司股東。

嚴道坦言，在香港奮鬥期間，之所以能在五年左右便闖出一番成績，多少是因爲當時幸運地遇到J. R. Jones，在關鍵時刻適時的支持。

嚴道當時如初生之犢般衝勁十足。他無懼於自己身無分文，逕自向香港銀行經理Mr. Jones提出經營小織布廠的企劃書及貸款申請。當Mr. Jones要求他提出擔保人或公司保人時，嚴道不加思索，自負地反詰：「我就是『信用』保證，你爲何不先看我的企劃書呢？」Mr. Jones拗不過他，請他隔日再來談，順便回家再思考找人擔保的事。

次日，嚴道依時前往，Mr. Jones雖然欣賞他的企劃，但仍無法破例在無擔保人的情況下將錢借給他，嚴道只好說出香港商場上頗有名氣的娘舅Mr. C. C. LEE的大名，Mr. Jones也立即批准他的貸款申請，讓嚴道順利開展事業。

嚴道憑藉著條理分明的做事方法，和正直不欺的經商信譽，赤手空拳地在香港奮力打拚，不久後，即在進出口貿易及織布工廠的經營上，打下了扎實的根基。

前進巴西再創高峰

嚴道在香港的事業小有成就，但台海兩岸的大環境卻日益緊繃，使得與大陸僅有一水之隔的彈丸之地香港，時局也顯得益發動盪不安。

嚴道憶及，當時內心惶然、對未來充滿恐懼的香港百姓經常引發一些小暴動，讓社會氣氛變得十分緊張。爲了不讓辛苦累積的成果再次受到無情的打擊，於是他開始向美國、巴西申請移民。

結果巴西的移民申請先批准了下來，嚴道毫不遲疑地迅速清理產業，將公司讓渡他人，便帶著四個孩子踏上了移民之路。

歷經戰火的洗禮，留學、創業的奔波，在嚴道的心中，他誠摯地希望著，巴西會是一塊樂土，會是他安身立命、穩定發展人生下一階段的好地方。

定居巴西後，嚴道觀察巴西的產業狀況，認爲投資由巴西政府掌控的食品工業最安穩，因此便選擇開設由政府政策支持、國家輔導、不需要自備資金的麵粉廠。

那時，嚴道在河邊蓋好工廠，將國外進口的運小麥船直接開到工廠邊，然後把小麥吸入圓筒形的倉庫，讓銀行記下帳，等到一百二十天之後，麥子磨成了麵粉、全數賣掉，再把本錢還給銀行即可。

但是經商有成的嚴道，從過往的經驗中早學會了「工欲善其事，必先利其器」的經營之道，他說：「當時，巴西政府規定每噸麥子要磨出七八%的麵粉，其餘是糠殼及麩皮等廢料。但我採購了德國機器，加上良好的管理，淨麵度增加爲八二至八四%，使純利增加許多。」

精打細算的嚴道表示，雖然德國機器比較貴，但是一來一往，差額很快就可以回收，所以即使成本貴些，還是划得來。

當時，巴西的麵粉廠等於是政府的代工廠，而且一區一個，麵粉的價格也是公定的。每個工廠一磨好了麵粉，就有麵包坊在門外等著購買，所以開工廠根本不用費心找客戶，只要專心管好工廠，多增加麵粉的淨度，減少些麩皮，生意自然就會上軌道。

海外做公益施愛孤兒

事業順利步上正軌，學習力旺盛、融合力極強的嚴道，很快便學會了葡萄牙語，主動打進巴西主流社會，並在當地大學兼課，向當地大學生介紹自由中國台灣。

「取之於斯，用之於斯」，嚴道爲了回饋巴西人民，他積極藉由參加各種公會組織，如工業協會、商業協會，並在會中擔任理事等要職，義務幫忙兩會會員的工廠進行企業診斷，協助當地廠商改善經營方式，以增加營收利潤。

自小感染家風，爲善從不落人後的嚴道，一次獲悉當地一位老太太——唐娜莉莉，打算募款蓋一座能夠收容一百多個孩子的孤兒院，卻因爲籌不到錢而進度落後，他立即找到這位充滿善心的女士，慨然向她表示：「所有興建孤兒院的費用，我負責出資一半！」

嚴道說到做到，一諾千金。不久後，他趁自己麵粉工廠增建廠房之際，便要求設計師同時爲孤兒院施工，並在最短的時間內將孤兒院蓋好，隨之交由天主教的修女負責經營管理。

嚴道說：「做好事是眾志成城的工作，絕對沒有地域與種族的分別。」因此董氏基金會成立十八年來，他並不拒絕別人的捐款，但爲了秉持「行善不擾人」的原則，他也從不主動向外或向朋友募款，即使在基金會財務窘迫之時，他還是堅持這樣的初衷，寧可自掏腰包傾盡所有，來維持會內的所有開銷及舉辦公益活動。

禍從口出，心血化為烏有

愛好和平的嚴道，原以爲自己會終老巴西，遺憾的是，當巴西思想左傾的總統強古拉上台後，嚴道言行開始受到限制。「後來之所以會離開巴西，也是因爲禍從口出！」

最讓嚴道感到如錐心泣血般痛苦的是，在一九六四年二月二十三日的一次刻意縱火事件，讓他的工廠燒成了灰燼。原本那座臨河建造的廠房是為了方便讓大船停泊下麥子，但發生火災時，廠房的抽水馬達卻因被泥沙堵塞而故障，使得熊熊烈火一發不可收拾，嚴道只能徒然看著自己一手創建的心血，在漫天火燄中被吞噬得灰飛煙滅。

「在哪裡跌倒，就在哪裡站起來！」不甘就此打退堂鼓，也不願輕易被政治迫害擊倒，嚴道申請到保險金，積極在原地重建麵粉廠，才一年的工夫，便迅速恢復昔日工廠的規模。

工廠失火後不到幾個月，住家又再次遭到祝融蹂躪。嚴道的三女兒嚴嘉英猶記得，家裡失火的那一陣子，她原本要在家裡辦聚會，但一把火燒毀了嚴道家的屋頂，嚴嘉英擔心地想：「聚會一定會取消！」

沒想到嚴道仍堅持舉辦。他在戶外搭了一個大帳棚，讓嘉英和朋友度過了一個非常開心的夜晚，也讓所有客人見識到，嚴道不畏強權、威武不屈的強韌性格。

「我的脾氣像籃球一樣，別人將我打得越重，我就彈得越高。」嚴道如此形容自己執拗的個性，同時也說明了爲什麼在面對人生各階段橫逆時，他總能鼓足勇氣打好每一場硬仗，絕不輕言放棄。

一九六四年是嚴家的多事之秋，那年底，嘉華、嘉美、嘉英三姊妹不幸發生重大車禍，車子全毀。原本三姊妹很擔心爸爸會因爲車子受損而生氣，但疼愛子女勝過一切的嚴道，壓根都沒想過車子的事，只憂心孩子們的安危。在一聽說女兒們都平安無事後，他高興得絕口不提車子的事，也不問是誰的錯，只要大家毫髮未傷，他就安心了。

父愛掛帥，樂享親情

回想在巴西創業的十年，嚴道覺得最值得一提的，是有機會陪伴四名子女成長。

因孩提時代父親過分嚴峻的教育模式，使得嚴道幼小的心靈頗爲受傷，一直深切地渴望著父愛。在自己陸續有了兒女後，爲了避免與父親犯下同樣的錯，和自己的孩子漸形疏離，他決定從「愛」出發，用諄諄教誨的方式取代苛責和無理的要求，讓孩子的心和自己永遠是緊密的貼近。

從孩子們的幼年起，嚴道便陪著他們一塊兒念書、一塊兒玩，且耐心地聽孩子們說話，鼓勵他們學習速讀、心算，加強訓練他們的機敏反應。

爲了開發每個孩子獨有的特質與潛能，嚴道從不吝惜地大量給孩子們買書，並且毫不設限地讓孩子們自由發揮各自的興趣。因此在嚴道這樣寬容、慈愛的教養下，他的孩子不但個個表現優異，在校成績都是第一名，而且性格也都很開朗進取，成爲學校老師、同學眼中的模範生。

嚴道說，他每天晚上一定查看孩子們的筆記，要求他們要弄懂老師當天教導的內容。因爲「接受教育與學習新知，是人生最重要的事。」而當知識變成自己的東西的時候，便是別人永遠無法奪走的珍貴寶藏。

因兒女相繼出世，嚴道在與孩子教學相長的過程中，他的教育方式也漸漸地略有改變。

嚴道對前三個女兒比較重視能力的培養，到了最小的兒子時，便和他約定：「a book, one day」，也就是每天買一本書給兒子，一週至少四本書。因爲嚴道認爲，鼓勵兒子多看各式的書籍，便如同豐富他的心靈和視野，這樣在無形當中，孩子自然會找到一條最適合自己發展的道路。

爲了讓孩子們不忘本，嚴道堅持孩子們一定要學會中文。在嚴道定的家規裡，只要孩子們在家的時候，全家人一定要用母語中文交談，同時他還和孩子們嚴格約定：不說中文的人就不能吃飯！

及至孩子年歲漸長，中文運用自如了，家人便開始以英語交談。嚴道的想法是：孩子們小時候住巴西，在學校學到的是葡萄牙文，可是將來長大，英文是世界通用的語言，所以英文的基礎一定要打好。

嚴道八十大壽，兒女、孫兒女自各地返台齊祝賀。2000年。

嚴道記得有一回搭飛機，十歲大的兒子讀著一本高中程度的書，空姐看了十分驚訝。頗以幼子嚴嘉隆爲榮的嚴道說，這就是因爲兒子從小看了很多書，所以學識常識都很豐富的關係。

嚴道自豪地說：「我的孩子都很聰明哦！我的三個女兒在巴西唸書期間，除了上正式的學制，下午還有餘力去念音樂學院，而且表現也都很傑出。」

目前居住在美國的嚴嘉美回憶當時的情景：「嘉華和我學鋼琴，嘉英學小提琴，即使只有小小的進步，爸爸總會以熱烈的鼓掌和大聲的讚美，讓旁人明白他多麼以我們爲榮。」因此嚴道的孩子們在長大後也都堅定地確信，父親充滿愛的鼓勵，是激勵他們不斷追求進步的最大動力。

超人父親，DIY家鄉美食

每到周末，嚴道便會帶著四個孩子到鄉村俱樂部、農場、海邊紓解身心，而晚餐後，更是嚴道給孩子們說故事的快樂時光。孩子們興奮地躺在嚴道身邊，聆聽父親講述一個個古聖先賢的傳奇經典，這樣溫馨、幸福的畫面，在嚴家孩子的心中，是一幅永遠不會忘記的美麗記憶。

在嚴家孩子的心目中，父親嚴道是個無所不能的「超人父親」。像是女兒嘉美，在十六歲那年想學開車時，嚴道便在紙上畫下汽車的構造圖和功能表，按圖操課地先讓女兒了解什麼是車子，又該如何駕馭這龐然大物後，才將車鑰匙交給女兒，並坐在駕駛座旁邊當教練，只告訴女兒：「要對自己有信心！」隨即開車上路。

另外，在教孩子們學習游泳時，嚴道也是科學與心理學並用，讓孩子們在不懼怕水、相信自己的能力與父親的保護下，很快地能享受到倘佯水中的樂趣。

但這麼多年來，讓嚴家孩子們記憶最深刻的一件趣事，便是當年他們曾住在巴西的一個小城中，而城內沒有賣中國食物的店，但大家又十分想念故鄉的美食，於是嚴道爲了替孩子們解饞，自行學會了做香腸、牛肉乾、豬肉乾、肉鬆，讓大家吃得齒頰留香，也覺得有這麼一位什麼都難不倒的爸爸，實在太幸運了。

身教言教兩者並重

對嚴家的孩子來說，嚴道以身作則的教育方式，深深影響了他們日後爲人處事的態度。嚴嘉美猶記得，當時巴西農場中有一位工人很不老實，經常在賣麵粉時偷藏了一些帶回家。嚴道獲悉後，知道工人家境清苦，不但不責怪他，反而幫助他改善生活，且不求回報。

另一位姓郁的華僑，原先也是替嚴道工作的員工，後來他想自行開餐廳，嚴道不但慷慨出資幫助他，還熱心地把家中一些家具擺飾，送給對方用於餐廳裝潢。

而當好友罹患癌症臥病時，嚴道也會不時做幾道拿手好菜，送到醫院給朋友品嚐，讓對方知道自己並不孤獨，還有關心他的老友一直陪在他身旁。

對待外人尚且這般體貼、細心，對待自己的親人、長輩，嚴道更是用心呵護。因此在兒女的心目中，嚴道是最標準的「孝子」典範。

嚴道的子女都知道，大陸赤化後爺爺奶奶身陷上海，雖然父親十分清楚共產制度箝制人的方式，但孝順的他仍不死心地每個月準時匯錢給父母，希望爺爺奶奶在收到錢後能有較好的生活。這匯錢的動作，數十年來也從未間斷。

回到台灣創辦董氏基金會後，嚴道曾爲父親嚴慶祥實現舉辦書畫展、出畫冊的夢想，並將其父對孔學的研究印製成書。此外，爲了替父親磊落的一生留下註記，嚴道探訪陳立夫(右)，邀請為先父嚴慶祥著作《孔子學說與現代思想》作序。1999年。

並請了一位上海的秦老師，將父親的一生撰寫成傳記出版。

「愛每一位家人，就是找時間與他們相聚，時時保持聯絡，以及與家人分享生活的點點滴滴。」重視親情的嚴道，這十幾年來因兒女分居世界各地，所以爲了和兒孫相聚，他每年都會選擇不同的地點，再通知大家前往參與聚會。

其實早已不適合這樣四處奔波的嚴道，之所以要如此用心良苦地讓全家團聚，爲的就是要讓孩子們知道：親情是人在遭遇困難挫折時，最重要且堅強的復原劑，而他這個父親更會時時守候在他們的身旁，如太陽般溫暖地綻放光與熱，做爲嚴家上下永遠的精神支柱。

創造子女的教育環境

世人都說：「爲母者強！」在嚴家，爲了維護子女的權益，替子女爭取到最好的教育環境，嚴道可是兼容了母親的韌性與父親的強悍，成爲孩子們最值得信任及仰賴的對象。

嚴道的次女嚴嘉美記得，她在巴西念高二時，因成績優異，學校同意讓她提前畢業，優先跳級攻讀大學。但校方的這項決定，卻在開學後才由校長親自通知父親。

當時，美國各大學的入學申請早都已經截止了，而想要進入名校就讀的新生，此時才做準備，簡直就是天方夜譚。嚴道在了解狀況後，雖然急得跳腳，覺得學校的決定太慢，讓嘉美的學業難以銜接，但他並不氣餒，仍不計成敗地帶著女兒，飛到美國各知名大學去拜訪。

結果繞了一大圈，嚴道與嘉美還是碰了一鼻子灰。爲了不讓嘉美白白耗費一年的時間，沒有學校可讀，不死心的嚴道，異想天開地向一所大學情商，要校方爲嚴嘉美進行學科能力測驗，看她是否眞的具備「跳級升學」的能力。

嚴道的點子引發學校的好奇，便欣然答應嚴道的要求，立刻召集了一批教授對嘉美進行考核。果然，嘉美測驗出來的成績相當優秀。但校方坦言，雖然他們很想收這名優秀學生，但礙於法令規章，實在無法讓她在本學期內成爲學校的正式學生。

嚴道一聽，立刻提出變通方案，建議學校何妨讓嘉美在大學當旁聽生，而他願意照樣繳交學費。學校想了想，同意採行嚴道的通融辦法。

一個學期下來，嘉美非常爭氣，不但比一般正式生還多選讀了四、五個學分，而且每科都是A。後來校方經過校務會議的討論，不但讓嘉美所修的全部學分都獲予承認，而且最後還同意讓她成爲該校化學系的正式生。

子女自立各有所成

如今是美國強生製藥廠全球業務部門總經理的嚴嘉美，不但工作能力強，而且待人接物也非常寬厚。在嚴嘉美先生的兄長意外故逝後，她毅然接手，擔負起照顧大伯兒女的所有工作；而且後來當她被美國總公司召回時，還刻意爲婆婆及大嫂留下了自己的司機與轎車，貼心地照顧家人的生活起居。

頗有乃父之風的嚴嘉美，是嚴道常掛在嘴邊、讚譽有加的孩子：「因為老二的性格最像我，心腸好，又熱心！」但對孩子們從不偏心的嚴道，提起他的老三嚴嘉英，更是有說不完的故事。

「老二已經夠優秀了，但目前在美國當醫生的老三嘉英，卻比姊姊更聰明，而且擁有絕佳的記憶力。凡事只要是她刻意想記住，往往就像照相機般地深深印入腦中，絕無閃失遺漏。」

如今，嚴嘉英已名列全美最優秀的醫師之一，同時也是美國眼科醫師協會及泛美視覺疾病協會兩會的主席，她的一雙女兒，一個在法學院就讀，一個在哈佛大學就讀，表現也都十分優異。但嚴嘉英坦言：「若沒有父親的支持、信心和無私的愛，就沒有今天的我。我所有的成就，都歸功於我的父親。」

當嚴道決定舉家遷回台灣時，大女兒前往巴西 Porto Alegre 就學，二女兒與三女兒則前往美國Case大學，二女兒取得ＭＢＡ管理學碩士、三女兒取得醫學博士及哲學博士學位，而年僅十歲的兒子則先跟著嚴道回台灣，後來才前往美國讀書、工作。

在嚴道全力的培養下，不負父望的么兒嚴嘉隆，果眞在自己的人生舞台上表現得十分出色。他在十九歲時便從美國史丹佛大學畢業，而且還連續三年得到第一名。畢業後他旋即到哈佛深造，才剛入學就獲教務長的祝賀信，學校還沒畢業，便成爲各銀行、跨國企業首要爭取的人才。

嚴道很滿足地表示，如今他的四個孩子不但分別獲得美國名校的博、碩士頭銜，而且都是自力更生的有爲青年。但每當孩子們在工作或生活上遇到煩心的事情時，還是習慣一個電話打給老爸，問問爸爸的意見，和爸爸聊聊不愉快的事。所以雖然他沒和孩子們住在一起，但親子間的感情依然很親密。

如花美眷支持行善

除卻身爲父親的傲人成就外，嚴家的幾個姐妹總說：「父親是世界上最幸福的人，因爲他有母親在旁無微不至的照顧。」

而嚴道也自認，可能是自己默默行善的關係，讓他累積了不少的福氣，使上蒼仁慈地賜給他一位品德與學識兼具，善良與賢淑並容的好太太——張美珥。

與賢妻張美珇女士合影。

在孩子們心中，母親是世界上最善良、最有愛心的女性。母親平日總是專心一意地照料父親的一切飲食與生活，特別是在父親多次住院治療時，母親更是不分日夜、衣不解帶地陪伴在側，夫妻情深，連孩子們看了都感動。所以孩子們一致認爲，如今父親的健康能夠大有起色，全都是媽媽愛心、悉心照顧的結果。

「她可是我這一生的珍寶。」嚴道不管人前人後，總不吝於讚美這位被董氏基金會稱爲「嚴媽媽」的賢內助。

出身上海名門之後的張美珇，個性沈穩內斂、務實率眞，而且因人生閱歷豐富，很能夠從她處事的細微處，端見其圓融的智慧。

以夫爲貴的嚴媽媽，雖然在食衣住行上把嚴道管得很緊，但卻從不干預丈夫的事業。氣質高貴的嚴媽媽不喜歡站在台面上搶風頭，也不願意張揚她對夫家的付出，她認爲自己所做的一切，只不過是一個爲人妻、爲人母應有的作爲，所以她總是安然恬靜地居於幕後，幫忙嚴道料理日常生活的瑣碎事務，並密切關心丈夫的健康，提醒親愛的丈夫不要累過頭。

「我今天能擁有健康的身體，全是她的功勞。」嚴道由衷地感謝妻子對自己深切的關懷。因爲有好幾次，嚴道身體有了小病痛，從外表上看起來的確都不太嚴重，但因張美玥縝密的警覺心，堅持要將嚴道送醫檢查，才發現實際的狀況眞是千鈞一髮。

此外，嚴媽媽對至親及周邊好友的體貼與照料，更讓嚴道打心底佩服。「她這個人呀，脾氣好，心地好，肯吃虧，又孝順。」嚴道談起妻子，除了滿懷的愛意外，亦飽含了對妻子做人成功的肯定與敬意。

但是深刻了解夫妻相處之道的嚴道，也開玩笑地告訴大家，千萬不能故意招惹嚴媽媽，特別是犯了她的忌諱，否則就糟糕了！

嚴道說，自己脾氣又急又衝，但這麼多年來，夫妻從來沒有發生過爭執。因爲每當嚴道火爆脾氣衝上來，張美玥就軟綿綿地一言不發，且運用各種溫和的方式，讓火爆氣氛迅速降溫。但是等過了兩、三天後，當嚴道的心情好轉時，嚴媽媽便會心平氣和地和丈夫討論，並勸解：「發脾氣會傷害彼此感情、這麼做對兩人都不好等等，那時候，我也只有理虧道歉的份兒了。」

面對張美珥這招「以柔克剛」的妙方，饒是個性強硬的嚴道，也只得豎白旗。因此嚴道笑稱：「嚴媽媽是一位最懂得運用智慧的人。」

而嚴媽媽對董氏基金會全體員工的細心呵護與慈愛寬容，更是眾人有目共睹。

「嚴媽媽個性內斂自持，不輕易顯露對人的關懷，但總會在別人最需要的時候伸出援手，而Daddy個性熱情隨和，很愛誇讚別人的優點，他們夫妻倆一靜一動，一內一外，簡直就是絕配，更是佳偶天成。」

「嚴媽對Daddy真的是非常非常的支持。嚴爸十幾年來，陸陸續續捐了超過一億餘元給基金會，嚴媽不但不曾阻止，反而全力支持。」

「嚴媽媽最有趣的是，只要某件事讓爹地覺得很生氣，她就會在旁邊跟著罵，甚至罵得更兇。就這樣罵著罵著，爹地猛然一個回神，會突然覺得其實也沒那麼嚴重嘛！

然後氣就消了一半，這是他們相處時滿可愛的地方。」

從基金會員工點點滴滴的描述中，嚴道與嚴媽媽相依相持、相輔相成的相處模式，眞的是讓人十分欽羨。因爲婚姻的美滿，使嚴道更加珍惜活著的每一刻。因此嚴道常懷感恩地對部屬說：人生如浮雲，但是做人就應該盡心盡力，如此生命才會充實、快樂，不會空留遺憾。

CHAPTER 3

返台打拚的時代

重頭做起，無怨無悔

五十年代，嚴道回到台灣，便積極投入新事業的開創。

曾和友人投資污水處理工程，卻因國內整體環境不夠成熟，使得虧損連連。之後，在承攬中正機場污水處理廠的保養工程上，又幾乎造成血本無歸的慘烈狀況。

但始終沒被噩運擊倒的嚴道，相信天無絕人之路。果眞，因他曾經投資經營客運公司，並將大筆資金挹注入相關的汽車產業，以推動公司的業務步上軌道，使得日本豐田汽車公司的子公司，透過我國政府及友人，主動找上嚴道，希望和他合作設置零件供應工廠。

「該合作案由日方出資五一%，我出任合資企業的負責人。後來我聽說，日方希望在台灣找一位有學問、有道德、有人格的社會賢達來合作，以符合該品牌的訴求。」因此嚴道順水推舟，便成了豐田台灣零件工廠的負責人之一。

因豐田的子公司展現十足的誠意，並未以大財團的勢力來壓迫股東，且對日後的增資計畫，也極爲尊重地必先徵得嚴道的同意，所以多年來，雙方合作十分愉快。

CHAPTER 3
返台打拚的時代

嚴道對這項遲來的好運感到慶幸，因為和日方彼此互信互重、共生共榮的合作模式，不僅是商場上少見的成功合資事業；而且因公司業務的穩定成長，讓嚴道既不需操心人事的安排，也不必擔憂財務的問題，所以他更可以無後顧之憂地投入拓展董氏基金會的業務。

「人生要惜福，就算該賺的沒賺到，不該賠的賠掉了，也還是要惜福！」嚴道不否認，當年他曾為了幫朋友紓困，而把原本打算投資購買土地的一筆錢，優先借給朋友使用。但這樣的作法，竟讓他在一來一往間，損失了近千倍以上的利潤。事後，雖然有許多朋友替嚴道覺得可惜，可是嚴道反而覺得：人生嘛，有多少福氣都是上天注定的，既然為了幫朋友，那也沒什麼好怨的。

嚴道說，當年以「愛國華僑」的頭銜返國投資時，曾引起許多人的注意。有一次，被邀請前去演講的他，竟又犯了直言不諱的老毛病，當眾評論起國內政治的怪象。快人快語的嚴道，公然抒發對當時立法院代表性的質疑，因為有些在大陸選舉出來的立法委員，雖然十分愛國但並不符合台灣現有的民意，所以嚴道建議，未來應該由台灣選出來的委員替代，並逐漸讓老立委們分批退休。

這段如今看起來平淡無奇的意見，在戒嚴時期可是犯了「法統」的忌諱。嚴道多言賈禍，一度被人誣陷爲「匪諜」，因此在某次回國入境時，便直接被軍方給攔了下來，且載至警備總部給關了起來。好在負責審查此案的劉醒吾檢察官（當時擔任參謀長），邊審問嚴道邊拿出嚴道在巴西經營麵粉工廠時，被左傾人士燒掉工廠及住家的照片，因此認爲：「這其中一定有冤屈。」

在劉醒吾積極地求證之下，幫遭受誣陷的嚴道洗刷了罪名，而嚴道也發揮有恩必報的個性，後來特地拉著好友董之英，出資幫助劉醒吾在美國的兒子及其同學創業。而今，這家化學工廠已是美國叫得出名號的跨國企業了。

「我一直認爲自己的命不錯，旁人遇到這種事，早就被槍斃了，但我竟能活著出來。」嚴道認爲幾次的脫險和奇遇，冥冥之中自有上天的安排，所以在面對橫逆阻礙時，他也有不同於常人的思考，總能將外界加諸於身上的種種打擊，化爲激勵自己向上的力量。

「在事業上，我不算很成功，但在做人做事上，我百分之百無愧於心。」

從六十多歲後全心致力於公益事業的嚴道，先後將多家公司結束營業，並把部分財產陸續捐給董氏基金會。目前，嚴道名下僅剩的一家事業，便是理嘉汽車零件供應廠，他笑稱：這是他用來養老與給付生活中不時之需的最後一點積蓄。

集中精神做好一件事

也許就是這樣博愛、寬宏的氣度，使嚴道不論在任何團體，總給人「老大哥」、「大家長」的感覺。嚴道後來依序被推舉擔任嚴氏宗親會會長、華僑救國聯合總會理事、仁愛扶輪社社長及台北地方法院「名譽調解人」等職，但這些職務幾乎都是服務眾人的公職，但嚴道亦認眞親爲，從不馬虎。

嚴道說，一九五七年，當他還在巴西創業時，就加入國際扶輪社，回台灣後，也推動成立台北仁愛扶輪社，且被選爲第二任社長。但因創社社長于豐仁只做了半年就移民美國，於是他這位副社長只好接下社長的棒子，接著又在下屆，繼續擔任第二任的社長。

固然早已卸下社長的重任多年，可是十分欣賞扶輪社爲社會奉獻的精神，嚴道直至今日，每周還是都會準時去參加扶輪社的例會。

「當年我在當社長期間，就選定以推動全國性的菸害防制工作，爲年度的社會服務主題。」因此，日後董氏基金會之所以會傾注全力，全面推廣國內的禁菸運動，也可以說，就是從嚴道任職扶輪社社長期間開始萌芽的。

實事求是的嚴道，爲了確切推行菸害防制運動，他總是一馬當先，從自身做起。因此，每當其他扶輪社邀請嚴道去演講時，他會言明在先，要求社友們在演講的過程中「要相互尊重，不可抽菸」，若途中有人刻意違反規定，他也不會姑息地視而不見，一定立刻站起來，掉頭走人。

基本上，嚴道對於服務人群有一個很實在的觀念，就是要由近而遠、自內向外地逐漸拓展。也就是說，當你想去做服務社會的工作前，一定先要對自己的家人、朋友、同仁都很好了之後，再向外延伸；否則捨近求遠、惺惺作態了半天，仍是對自己周邊的親友沒盡到多少心力，這樣的服務心態，事實上，也沒多大的正面意義。

嚴道坦承，自己是在年紀比較大了之後，才開始做公益的，所以他內心十分急迫，拚命想做很多事。自詡天天在和時間賽跑的嚴道，甚至常常告訴部屬：若只抱著「分秒必爭」的心去做公益，那並不足夠，一個眞正的公益人，必須要「秒秒必爭」、即知即行，才是最佳的服務典範。

怒目金剛，慈心菩薩

好事做多了，難免會有人以爲嚴道是「無所不能的大善人」，什麼忙都可以幫，任何錢都肯借。但事實上，嚴道做公益的立場，卻是很有原則的，在該說NO的時候，一定說NO。

經常，嚴道會接到各地民眾打來的求助電話，甚至還有人直接上門拜託，懇求嚴道幫忙。但若遇到超乎能力所及的事，或不是董氏基金會服務的項目，嚴道通常都會婉拒。當然，海派的嚴道也不是這麼不通人情，如果對方眞的有困難，他也不會視若無睹、漠視不管，只不過，不想當濫好人的嚴道認爲，要長久經營公益事業，在作爲上就是要有適度的節制。

有時嚴道會遇到求助不成的民眾不客氣地質問：「你不是大好人嗎？怎麼連這一點小事都不肯幫忙。」但嚴道即使挨了罵也不爲所動，因爲他的理由是：「我沒有能力做好每件事，只有能力做好幾件事，所以不該分散資源去做那些額外的事。」

自認投入社會工作，是爲了追求快樂的人生，在幫助人後，能讓自己心安理得。所以盡心盡力做好每件事的嚴道，即便受到一些人的誤解，他晚上依然能夠坦然無愧地一覺安睡到天明。

此外，爲了國民健康的一些議題和政策，嚴道也常直言勸諫，主動找主管機關「再三反映意見」，讓一些官員既敬重嚴道的正義風骨，又對他「不達目的絕不鬆口」的作風頗感頭疼。

帶領員工猶如子女

嚴道記憶中，自己在做事的時候，業務部與企畫部常常都是公司最晚下班的部門。所以每到晚上，只要看到辦公室的電燈還亮著，幾乎都是嚴道帶著這兩個部門的下屬，正在爲公司戮力打拚。

嚴道不否認，像自己這種拚命的作法，當然會帶給部屬非常大的壓力。「可是我和他們的感情都很好，所以大家都願意和我同甘共苦。」

嚴道猶記得，回台辛苦工作了十幾年，在五十二歲那年，他要接受右肺葉切除手術前，公司同仁獲悉他可能需要輸很多血，便熱心集合數十人來驗血，且大夥都極樂意輸血給嚴道。

而這種濃郁的同事之情，最後甚至驚動公司上層，等嚴道身體恢復後，也正是他必須離開公司時，許多員工都認爲公司的作法不夠厚道，憤而打算和嚴道同進退。但嚴道力勸這些同仁不要感情用事，以免爲此丟了工作，或遭到老闆整肅。結果，還是有同仁因發出不平之鳴，被公司解雇。

同樣地，在後來創業及創辦董氏基金會的過程中，嚴道一樣也是帶頭力拚地和職員們打成一片，所以幾乎想做的事，都可以突破難關，順利達成。

此外，從創業開始，嚴道對於所倚重的部屬，一直像呵護子女般地用心照拂。像他在香港開織布廠時，有一天，一位比他年長幾歲的邱先生，拿著上海嚴家所辦的義務小學的畢業文憑求職，他二話不說，很爽快地便雇用了對方，而邱先生優秀的表現也令嚴道相當欣慰。

正當嚴道對邱先生十分欣賞和信任時，公司卻傳出這位邱先生泡舞女的耳語。嚴道獲悉後非常生氣，但為了不冤枉人，在與工廠員工於家中聚餐時，嚴道便針對此事，單獨約邱先生至房中詳談，結果證實流言不假。

嚴道痛心地對邱先生說：「罵了你以後，我的責任更重了，一方面我要督促你改過自新，再者我會負責將你上海的太太接來香港，好讓你們夫妻團圓。」嚴道說到做到，立刻實踐了承諾，邱家自此在香港落地生根，且事業愈做愈大。

「邱家夫婦後來在香港定居後，生了很多孩子，現在早兒孫滿堂嘍！」嚴道一提起這些塵封往事，神情總是十分愉悅。

算起來，這位邱先生也是位情深義重的人，當日後嚴道的大姪女由大陸到香港謀職時，邱先生就安排到他女兒女婿開的工廠。嚴道的大哥隨後赴港，邱先生也主動負起照顧責任。「最讓我感動的是，大陸淪陷後，業務與大陸有來往的邱先生，經常代我盡孝道照顧家父。」此一恩德，嚴道銘感在心，直欣慰地說：「很奇怪，我每次幫助別人，福報都會回到自己身上。」

而從民國七十三年創辦董氏基金會後，嚴道對部屬的照顧更是疼愛有加，有時比員工的父母對其子女更多了幾分關心。這也是爲什麼，在董氏基金會，許多資深員工會直呼嚴道爲「Daddy」、「嚴爸」，暱稱嚴道夫人爲「嚴媽」，而後來的員工也沿襲這種親密稱謂的慣例，把嚴道夫婦當成自家的長輩看待。

基金會菸害防制組主任林清麗覺得：「在員工的心目中，嚴爸並不是百分之百的完美，有時他也眞的很爆笑、很天眞、很衝動，不按牌理出牌。可是正因這種『相處如親人』的感覺，使大家對彼此的缺點，都可以以更寬容的心去對待！」

數十年如一日的慈愛，從不遞減的關懷，董氏基金會的員工和嚴道相處得愈久，愈能體悟出，嚴道這些看似平凡的作爲，其實才是人格中最細膩與偉大的不凡特質。

信任員工充分授權

愛護員工之餘，嚴道對於帶領公司企業或非營利組織的基金會，皆講究充分授權，堅持「有做事的人就有權力」，並不時地提供有才幹的年輕人獨當一面的機會，鼓勵他們勇於承擔責任。

以董氏基金會爲例，許多年輕的員工從一開始，就有機會前往衛生署、各級學校

強烈建議國泰航空公司，於進入台灣領空後應改說國語，服務國人。1988年

等大機構，參與開會或合作籌辦活動，而且有相當大的決定權。許多機構組織獲悉後，都感到難以置信，常逕行向嚴道確認，幾次下來，才慢慢接受基金會的運作模式。

事實上，嚴道之所以能夠如此充分授權，並非因爲自己藝高人膽大，或不夠重視這些活動，相對地，知人善任的他，在派年輕的員工出去開會前，通常都會花些時間先和大家開會，針對他們即將參與的活動提出一些經驗上的傳承，或提醒他們哪些是應注意的事項，接著就讓這些熱血澎湃的社會新血，獨挑大樑，去處理及面對活動中的各種狀況。

也就是因爲這樣完全地被信任，和不斷地被委以重任，董氏基金會大多數的員工，年紀輕輕就有了不俗的經歷與膽識，他們常有機會和「大人物」、「大教授」並肩而坐，一起參與各種座談與訪問，抑或在嚴道的授權下，替基金會權充文膽，代董事長撰寫各式信函給市長、總統或各級長官。

「他們做對，我當然要獎勵，即使他們做錯了，也同樣要獎勵。」嚴道的觀念認爲，只有絕對的支持，員工才會有擔當，敢勇於嘗試、努力做事。所以大多數的員工進來基金會多年後，驀然回首，會發覺基金會所釋放的空間眞的很大，自己的創意和意見不僅能受到肯定，也可以海闊天空地自由伸展，所以只要他們願意盡心盡力去耕耘，都可以在這份工作上獲得相當滿足的成就感。這也是爲什麼董氏基金會從早期只有三個員工的組織，擴展至今，成爲全台具規模與制度的公益機構。

話雖如此，董氏基金會一開始在招募員工時，嚴道總會趁最後一次面談的機會，再三提醒應試者：要認清這是一個做公益的服務機構，若未能打從心底抱持犧牲奉獻的服務精神，只計較金錢的收入，那最好就不要加入。嚴道甚至會讓員工簽下「志願書」，誓言一旦選擇了這份工作，就會全力以赴，密切和其他同仁合作，絕不會見異思遷，更不會爲了多領些薪水而跳槽他去。

所以員工一旦進到基金會，做起事來總是心甘情願，有時事情做不完，晚上自動加班，也不會有人認爲應該有「加班費」。嚴道還常灌輸員工一個觀念：「連志工來服務，都自動跟著加班了，我們當然更應該帶頭起來做了！」

是慈父，也是嚴父

董氏基金會成立初期，事多人少，一個人必須當兩、三個人用，往往每位員工既要寫企畫案，還要負責演講宣傳，必要時還得向公私立機構、政府行政單位爭取資源，更要經常領頭辦活動、開記者會，簡直就是座耐操耐磨的萬能工廠，不僅要負責產品的設計與生產，還必須兼顧包裝與銷售，因此每個人幾乎都是十八般武藝樣樣精通的「超人」。

會做事了，並不表示一定會做人。在基金會裡，嚴道特別重視教導這些年輕孩子的待人處事之道；除此之外也很關心他們的生涯規畫，對有心出國進修或在國內深造的員工，都以專案爲他們辦理留職停薪，而對於想購屋又沒能力的職員，也會慷慨地助他一臂之力，幫對方完成購屋的心願。

「我今天自己能有個溫暖的小窩，全靠Daddy和嚴媽經濟上的幫助……他們幫我規畫開支，學習標會和貸款，否則憑我的薪水及隨心所欲的花錢方式，根本不可能在完全沒有存款的情況下買房子。」在董氏基金會待了十多年的菸害防制組主任林清麗，飲水思源，對嚴道夫婦有著許多的感謝。

CHAPTER 3

返台打拚的時代

「嚴董事長就像每個工作人員的第二個爸爸，」董氏基金會剛創會時，便考進基金會的心理衛生組主任葉雅馨，是以在職進修的方式完成碩士學位。葉雅馨從婚前、結婚，到成爲兩個孩子的媽媽，嚴道夫婦不但一直是她人生的導師，也像是她兩個女兒的爺爺一般。

「董事長是以經營大家庭的心，來帶領董氏基金會。」葉雅馨印象最深刻的是，早期董氏基金會員工還不多時，每天嚴道都會撥出一點時間，和每位員工話家常。有一天，細心的嚴道察覺，從懷孕後就很開心、滿心期待孩子誕生的葉雅馨，竟然心情沮喪、眉頭深鎖，便關心地把她叫進辦公室，詢問她發生了什麼事？並勸慰她：「這樣會影響胎教哦！做媽媽的人，應該要開心一點才對呀！」

葉雅馨只說了一句：「她又是女生！」眼淚就撲簌簌地掉了下來。嚴道見狀，溫柔地抽了張面紙給葉雅馨，便默默陪在她的身旁不發一語。等到葉雅馨的心情漸漸平復後，他才誠切地告訴她：「雅馨，妳知道嗎？我有三個女兒、一個兒子，而他們都分別生了兩個女兒，如今再加上妳的兩個女兒，我就有十個孫女了！妳說，這樣不是很好嗎？而且我告訴妳，我所有的朋友，尤其是年紀和我差不多的，都認爲，只要是生女兒就是一種福報！」

得到這樣堅定的祝福與安慰，葉雅馨覺得，她十分感動；而最讓她感到窩心的，還是嚴道視她如己出，把自己的女兒也算成是他的兒孫，讓她緊繃的一顆心，立刻得到了一種溫暖的舒緩。

支持員工在職進修

除了情緒上的消壓解憂，嚴道也像母雞護雛般地，向打壓自己員工的單位或個人據理力爭，絕不讓人欺侮自己的屬下。

林清麗永遠記得，民國七十九年之後，基金會對外的菸害防制演講，開始由她單獨前往。當時，因董氏基金會已在社會上努力了五、六年，成績頗受各方肯定，所以大部分的機關團體都不介意基金會派何人去演講，但有些政府機關，卻反而非常在意「頭銜」和「學歷」，所以一遇到董氏基金會未派「碩士」以上學歷的講師前往，總會遇到一些差別待遇。

有一回，林清麗受邀至某市立醫院宣導，沒想到竟被對方以輕視的態度接待及介紹出場。林清麗難過得心情大受影響，草草演講完畢，一離開醫院見到嚴道，便一臉委屈。嚴道看到屬下受到屈辱，原因居然是不合理的學歷歧視和職位偏見，二話不說，立刻爲林清麗增加頭銜。

但讓人錯愕、傻眼的情況還是不斷發生。有一回，一位醫院的二級主管實在太惡劣、太大小眼了，所以嚴道忍不住氣憤，打了一通電話到對方主管的辦公室，軟中帶硬地「請教」對方：「在台灣，有哪個機構是專門致力於研究菸害防制與推行拒菸運動的？又是哪個單位的績效，是最卓越有成的？」對方老實地答道：「董氏基金會。」

嚴道再問：「那麼，除了董氏基金會之外，全台灣哪裡還有在培訓拒菸宣導的人才？」對方一五一十地答應：「只有董氏基金會吧！」嚴道這時才正色地詰問：「那爲什麼我們訓練的人才，你說他不可靠呢？」對方聽完，羞慚地連忙抱歉不迭。

「在這個同時，我已經下定決心，要清麗克服萬難，前往美國『鍍金』。我明知憑她的實力，已經學不到什麼知識，但也一定要她拿到碩士文憑。」

嚴道回憶，當時林清麗年紀尚小，一個人前往國外過著清苦的學生生活，又擔心沒辦法一年多就拿到學位，心理壓力一定很大。而的確，在學期快結束前，林清麗果然因求好心切，被自己的好勝心逼到身心無力負荷，所以一通電話打回台灣，哭啼著向嚴道懺悔，表示自己可能無法如期完成使命。

當時嚴道就像哄女兒般地，不斷鼓勵著林清麗：「時間過得很快嘛，妳加點油，熬一熬就過去了。」

「基金會人手少、事情多，出國前那兩年，我經常加班到晚上九點、十點，嚴爸嚴媽總是細心地爲我準備可口的便當或晚餐，陪我邊吃邊聊。Daddy 更時常詢問我的健康狀況。連他有段時間遠赴美國治病，越洋電話打回來，除了問公事外，還花了不少時間問我的飲食狀況，提醒我要注意身體。」

林清麗因此更期勉自己，一定要加倍地努力工作，以最好的表現回報嚴道的栽培。

因材施教，領導有方

嚴道帶領員工，不會主觀認定：「反正你就是一個怎樣的人，」而會因材施教，用其長處，所以基金會下的菸害防制、心理衛生、食品營養三個主要工作小組，儘管各組主任及員工的行事作風各不相同，但嚴道都能善用其專長，讓各組既能分工，又能互助，還分別呈現出不同的風格。

「我們還可以挑選屬下，但董事長對我們三個主任，卻沒有挑選的權利！」在基金會工作十五年的林清麗、十九年的葉雅馨、十七年的許惠玉，分別擔任菸害防制、心理衛生、食品營養三組主任，各擅所長，而且都能在嚴道麾下自由揮灑。

葉雅馨說：「我進基金會後，大概有很長一段時間吧，董事長都是叫我小迷糊。」好在葉雅馨小事迷糊，大事不迷糊，而嚴道也像個老爸，能夠包容孩子們的小錯不斷。「那種『老爸』的感覺，就是『沒關係，凡事都有他！』並不是他一定會教你做出什麼偉大的決定，可是凡事你就是會告訴他，因為跟他講了，就會比較安心。」

葉雅馨認為自己頗為幸運的是，因為長久的相處，嚴道早已將她的個性摸得一清二楚了，再加上因公事所需，和嚴道頻密的接觸，所以無論哪一天心情一低落，在她臉上浮現出的任何表情，大概都很難逃過嚴道的眼睛。

而每當此時，嚴道除了關心地慰問葉雅馨之外，還會幫她出出點子，或者就是陪著她，一句話也不說。「在那個陪伴的過程裡，有時他會深深地大嘆一口氣，像是在幫你出氣一樣，所以你會得到很多的安慰和支持。」

相對地，嚴道記得，葉雅馨剛到基金會的時候，相當害羞而沈默寡言，但後來就「開竅」了，所以嚴道常說：「孩子嘛，在發展過程中，可能就會這樣子，多給他一些機會，後來就不可同日而語了。」

此外，嚴道還有一個十分溫馨的帶領方式，那就是——愛屋及烏。

葉雅馨舉例說：「嚴爸時常替我們準備一些小點心，這時候，他一定會把我們家兩個女兒算進去，就是說，大家都分好了之後，他會特別（有時明講，有時可能是私下）準備兩份點心留給她們。可是要得到這份點心有一個條件，那就是今天晚上跟嚴爺爺講電話。」

「老大從小就是被嚴爺爺抱大的，彼此間沒什麼距離，聊個幾句是很平常的事。但第二個女兒まるこ（小丸子），某部分的個性和我十分相似，尤其是小時候比較沈默害羞，總有點擔心她會排斥。」

初期嚴道提出想和葉雅馨的孩子「來電傳情」的構想，讓她頗感爲難，但令葉雅馨折服的是，嚴道不但就是有這種魅力，能輪流和兩個孩子講電話，而且還特別能和老二「閒聊」。

葉雅馨說：常常只見嚴爺爺和まるこ講了半天，她的反應只是忙對著電話：「嗯…嗯…嗯」，然後在掛上電話後，她便會露出很滿意的微笑，並肯定地告訴我說：「爺爺好喜歡我呀！」葉雅馨說：「有時還眞不得不服氣他。」

調兵遣將，賞罰分明

一般說來，嚴道是一個很嚴謹的人，所以儘管對屬下十分照顧，但不表示他會「睜一隻眼、閉一隻眼」，不要求工作品質，或不會生氣震怒。

老實說，當屬下沒有提供充分資訊，或說話犯了嚴道忌諱時，他生起氣來，可是相當具有震撼力的，所以屬下也都很怕他發脾氣。

葉雅馨分析，嚴董事長帶領屬下通常一開始都是很嚴厲的。因爲他自己的自律性很高，加上要求完美的性格使然，所以他自然會有一定的標準，而且他還會很仔細地關注事情的細節部分。

常常這種鉅細靡遺的檢驗，讓在處理事情的執行者很不好過，「但到了後來，他看到你的努力和認眞，知道你已經承受了許多不足外人道的壓力，又會給你很大的包容與鼓勵。而且，隨著時間的增長，他所給予的讚美及空間，也會愈來愈多、愈來愈寬廣。」跟嚴道久了的員工都知道，愈到後來，嚴道會愈像個老爸，而他所給你的「讚美」亦絕不亞於之前的「嚴厲」。

帶兵遣將，嚴道常告訴屬下：「不怕錯，只怕不做」，他希望每個員工都能像火車頭一般，只要發動好了引擎，就能夠往前衝。他一點都不怕屬下做錯什麼，因爲了不起做錯了，後面還有他這個老爸可以幫忙收尾。

此外，對於工作人員，嚴道也會視情況，適時地頒贈一些獎金做爲獎勵。例如這一陣子，員工特別辛苦、賣力，而他的企業體多賺了一些錢，他會大方地拿出來分享給同仁。

嚴道曾說：「其實錢就像人體的血液一樣，是要流通的，不能阻塞，如果賺進來就完全不動，那人怎麼活呀！」所以儘管基金會的財源，主要來自存款的孳息及承接政府委託案件的微薄收入，但嚴道總會想辦法籌措額外的財源，在一年內給員工加薪兩次，以振奮大夥兒的士氣。

商人老爸精打細算

因家學淵源，極有商業頭腦的嚴道，以企業化的觀念來經營董氏基金會。尤其在基金會成立之初，嚴道更嚴格要求每位員工，在做任何採購動作或是與廠商合作時，一定要「貨比三家」，而且要「極盡殺價之能事」。

但這種一個錢打十個結的作法，讓不少年輕員工礙於臉皮薄，都不好意思狠下心來，做個一殺再殺的「殺價」高手，但此時嚴道總會以「生意人」的過來人經驗告訴大家：如果你一再殺價，廠商還是願意跟你交易，那表示他絕對有利潤，你也不用替他太擔心，因爲俗話說的好：「只有錯買的客人，沒有錯賣的生意嘛！」

因此在嚴道的訓練下，基金會的員工，多多少少都學到勤儉持家之道，個個在辦活動時，都能把有限的資源發揮到最大的效益，絕不會浪費一絲一毫的公帑。而大家也很慶幸，身邊有這麼一位精打細算、熟透人情的「商人老爸」，能將基金會的財務管理得這麼好。

在基金會成立第四年時，嚴道看準台灣房地產發展潛力，也考慮到日後基金會的長遠發展，便在董事會提議「應大膽購置會所及辦公室」，並一一說服全體董事同意。然而當時限於法令，基金會不得以基金置產，所以主管機關考量再三，延誤了許多以低價買進的好機會。

在公文往返的幾個月中，嚴道眼見房地產價格節節上漲，唯恐日後基金會將無力負擔上漲後的房價，便當機立斷以自己的錢，先買下如今復興北路二百七十坪的辦公室。

那時嚴道心想，萬一衛生署不同意，這處辦公室就留給自己的公司使用。但後來主管機關雖然核可了購屋案，可是當時的房價已由每坪九萬五千元，飆漲爲每坪十五萬元，但嚴道卻無條件地以原價讓售給基金會，爲基金會奠定磐碁永固的基礎。

「雖然和我們同時期成立的基金會，都很羨慕董氏基金會有魄力買下那麼大的辦公室，但我個人還是很懊惱自己『太守規矩了』，當初沒有一口氣訂下兩個單位，否則如今辦公室也不致看起來有點擁擠。」

深信基金會還會日益壯大的嚴道，在當時全公司只有六位員工的情況下，大膽地購買了這間大型的辦公室，但許多不知情的人，卻誤以爲他是一個「好高騖遠」、「好大喜功」的人，可是嚴道卻不以爲意，仍靈活地運用頭腦，繼續爲基金會增闢財源。

「我認爲基金會可以用理財的觀點，適當持有及買賣股票，但基金會的董事們都是守法、德高望重的耆老，他們哪裡會同意我的提議？」爲了尊重董事會的決議，嚴道也不怪董事們一板一眼的作風，他決定撥出一小部分錢來投資股市，若賺了錢，就捐給基金會；若賠了錢，就算自己的虧損。

「老天爺眞的很疼愛董氏基金會，在多次財務危機中，總是船到橋頭自然直。當然我在股票上的斬獲，也替基金會增加了不少進帳。」

此外嚴道的孩子也都很爭氣，每個人各有成就，不但不要父母親幫助，反而頻頻問嚴道夫婦：「需要什麼儘管向我們開口！」加上嚴道夫婦自奉甚儉，不做奢侈的享受，所以完全沒有後顧之憂，可以全心投入公益工作。

就像很多人知道，嚴道身上穿的襯衫，都是在來來飯店地下樓層訂作，連工帶料加上繡名字，一件八百元；而嚴媽媽的生活更簡單，她所穿的衣服也相當樸實，身上偶見穿戴名牌衣物、飾品，絕大多數是親友贈送的。如同基金會終身義工陳淑麗觀察：「董事長夫婦其實有能力過更好的生活，但他們對自己很省，對旁人卻很大方，而且把所有最好的都留給了基金會。」

看面相談贊助

一個成功的領導者，通常都要具備極佳的說服力。在和許多機構與企業的合作過程中，嚴道便親身示範了多次令人折服的說話技巧，讓許多隨同前往洽談合作事宜的專家、律師與部屬，佩服得五體投地。

有一次，他帶著心理衛生組的葉雅馨，到柯達公司談活動贊助，接待人員十分客氣有禮，結果嚴道在電梯裡就忍不住向對方說：「你不要對我這麼好，我是來要錢的。」讓對方忍不住爲嚴道的率直笑了開來。

有趣的是，當柯達公司駐台灣區總經理畢顯攜出現時，嚴道知道對方是香港人，感到十分親切，第一句話竟然說：「我會看面相哦！」待現場所有人專注傾聽，連同往的葉雅馨也一陣好奇董事長會看面相，然後嚴道不疾不徐地說：「我一看你的面相，就知道你是一個好人！」那次對方果然答應贊助該系列活動的全部底片。

此外，細心的嚴道也會特別注意時事新聞及相關人士的近況發展，所以當他基於工作需要，去拜訪某些特定對象時，除了關心對方工作好不好以外，還會進一步問候對方的心情與身體，因此即使對方明白嚴道的到訪別有目的，但這種眞誠關懷的開場白，還是讓人備感溫馨。

有趣的是，董氏基金會的工作人員都知道，當嚴道感到焦慮時，通常會把焦慮反映在他的滔滔不絕上。例如有一次去向政府機關提案，嚴道深恐會被打回票，一見到對方主管，話匣子一開，原本只安排半個小時的拜訪，嚴道就講了二十五分鐘，而且還有很多事情沒講到，結果把陪同前去的員工給急壞了。

CHAPTER

4

董氏基金會草創時期

因緣際會成為反菸鬥士

民國七十三年「董氏基金會」成立，以「吸菸或健康，決定權在你！」的標語針對都市青少年及兒童展開一系列拒菸宣導活動後，「董氏基金會的嚴道」幾乎成爲台灣反菸運動的代名詞。

嚴道坦言，之所以會積極推動菸害防制工作，其實是基於「希望全國國民身心都能很健康」這個單純的初衷而已。

嚴道說，自己在少不更事的十二歲時，見家人、客人都有抽菸的習慣，曾因好奇心作祟，偷偷拿了一根家中待客用的香菸，點燃了生平第一支菸捲。「但那味道眞是苦啊！」嚴道依稀記得，當一口吸入苦澀嗆鼻的菸草後，那滋味並不好受。「可是尼古丁這東西很奇怪，它雖然讓你覺得又苦又辣，你卻一直想要test、test，到後來，你就被它緊緊綁住了。」

當時，嚴家家境富裕，家族人多、地方大，漏洞自然也多，加上生意上往來的客人川流不息，會客室到處都有菸，香菸供應又不虞匱乏，只要不在長輩面前吞雲吐霧，拿再多也沒人管，所以小小年紀的嚴道，便無可無不可地養成了抽菸的習慣。

CHAPTER 4

董氏基金會草創時期

嚴道進一步分析說：「青少年之所以會抽菸，大都是因爲好奇、反抗的心理，想藉此表現成年人的氣概。」因此儘管香菸並非好吃的東西，常嗆得嚴道頭昏腦脹，但是他還是認爲手中叼著一支菸，很能自我陶醉，獲得一種滿足的成就感。

更糟糕的是，從小喜歡做老大的嚴道，連抽菸這件事，也擺出「做老大」的派頭，不但自己抽，還拿菸到學校，強迫同學一定要和他「有福同享」。「我那時候好壞、好壞！同學不抽我的菸，我還會不高興呢！」嚴道誤以爲，在裊裊菸霧中，是最能建立哥兒們好交情的時刻。

民生報一幅表現嚴道以「小蝦米對大鯨魚」之勢對抗菸商的漫畫。任適正繪圖。1988年。

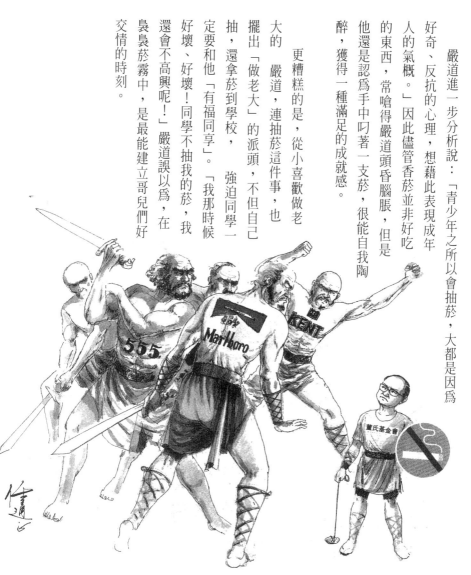

一管五十支的白色小菸捲，抽著抽著，嚴道很快就上癮了！仗著自己年輕，不覺得傷身，且在朋友愈交愈多的情況下，嚴道的菸癮也愈來愈大，卻從未想過自己早已交出了自由，成了香菸的俘虜，日子還過得好不快哉！

「從十一、十二歲開始，一直到四十八歲戒菸前，我每天都維持至少兩包的菸量，菸癮大得把整個肺都熏黑了！」回想幼年的荒唐行徑，嚴道不禁罵自己「無知」！

五十歲時，因爲氣管發炎、喉嚨不適、胸肺疼痛，動不動就感冒，連帶影響體力變得衰弱。嚴道赴醫檢查，醫生說：「抽菸太多，引發肺氣管阻塞」，嚴道嚇壞了，爲了身體健康，終於下定決心，打算戒菸。

「老命都快沒了，自然而然就覺醒了。」直至此時，嚴道才終於領悟：健康才是眞正的財富，而菸是人類健康最恐怖的慢性殺手。

戒菸是意志力的問題

了解了吸菸的害處後，嚴道態度一百八十度大轉變。不過，口頭說要戒菸倒是挺容易的，等到眞的要實行時，卻發現自己的慾望與外在的誘惑實在是太大了，尤其當

CHAPTER 4

董氏基金會草創時期

別人向自己敬菸時，礙於禮貌與情面，常不好意思拒絕地也來上一根，使得嚴道的戒菸大計常常功虧一簣。

而疼愛嚴道的老婆嚴媽媽，也不忍心看他戒菸戒得太辛苦，所以鼓勵他先從吸菸減量做起。「嚴媽媽那時准許我一天抽六根菸，我就聽她的，可是沒兩、三天，我又恢復到抽兩包的情況。」

「老是戒不了菸，讓我有點心灰意冷。」但幾經波折，嚴道終於想通了：「戒菸是意志力的問題！」嚴道想：以自己的個性，沒有什麼事情是可以慢慢來的，錯就是錯，知道錯了就要下狠功，立刻將它改過來，才能「立地成佛」。

說做就做，嚴道捲起袖子，開始在家裡進行清倉運動。「我的倉庫裡有多少菸，我就全部把它剪掉；有多少支打火機，我全用榔頭把它敲扁；有多少個菸灰缸，我也把它打破丟掉。我的朋友覺得可惜，要我把這些東西送給他，我跟他說：『這些都是不好的東西，我幹嘛要給你！』所以一項也不留地全部銷毀。」

嚴道在舉目無菸的狀況下，又奉行三大原則：一、每天早、晚各洗一次澡；二、大量喝水和果汁，協助身體加速排除體內的香菸毒素；三、改變飲食習慣，吃清淡的食物。果然，深染了大半輩子的菸癮，一下子就戒掉了！

「戒菸到了第三、第四天時最困難，菸癮來了，沒菸可抽，心情也特別浮躁，這時候一定要請家人、朋友幫忙，幫助自己快快通過這個關口。」由於戒菸的痛苦使人終生難忘，所以日後嚴道便以過來人的經驗，勸人一定要拋棄香菸的綑綁，而這

友人贈送寫有「NO SMOKING」的梵谷畫像。

種現身說法的方式，對許多深受菸害之苦的朋友來說，也特別具有說服力。

遺憾的是，雖然順利戒了菸，在五十二歲那年，嚴道仍因肺部長期堆積的菸垢加上當年留日時被打破肺葉的舊傷，被醫生宣布必須以手術割除右邊的一片肺葉，才能挽回健康。

「手術過後，好不容易保住了性命，讓我對生命有了新的認識，也讓我下定決心，要把有生之年貢獻給社會。」

嚴道說，以前從來沒有人告訴他吸菸的害處，現在他知道了，當然要讓全國的民眾都知道菸害的可怕，尤其是兒童、青少年的扎根工作，更應列爲首要之務。

「年輕人正處於生命的黃金時期，總覺得生命還長，感覺不到香菸對建康的潛伏性傷害。」嚴道日後巡迴各校演講時，總會特別著重於改變學生的吸菸觀念，明白告訴他們：「菸，不論對自己或對別人都不好，是好朋友，就不該請對方吸菸。」

樂為年輕人人生導師

爲了成功勸服青少年擁有正確的拒菸觀念，嚴道在親自出馬宣導時，多半會挑一些學生多、演講時間充裕的學校，並事先花上許多時間，反覆練好自己的演講內容，並特別注意語氣、語調的配合，希望每次出擊，都能揮出漂亮的一棒，影響到最多的人。

基金會的資深職員葉雅馨解釋：「其實，董事長對自己要講的內容已經很熟，可是他老覺得自己有上海口音，又怕上了年紀抓不準年輕人愛聽什麼，所以一定會在家先唸很多次給嚴媽媽聽，隔天再唸給我們聽，要我們糾正他的國語，直到聲音既標準又好聽，才算過關。」

嚴道不但用功準備內容，還會視情況運用一些小技巧，讓浮躁的年輕人把要點聽進去。例如，當他看到台下鬧烘烘時，就先不講話，等大家都安靜了才開始講；有時候，他會說：「我今天只會講短短的，如果我講得不好，你們就把我噓下來，可是如果我講得好，你們一定要熱烈鼓掌。」讓大家忍不住豎起耳朵聽他說些什麼，而且聽到後來，總是一片喝采，台上台下打成一片。

早年最常跟著嚴道到各校巡迴演講的林清麗也說：「嚴爸雖然鄉音頗重，但卻很有鼓舞學生情緒的魅力，常讓年輕人激動得勇敢站出來，在師長面前承認自己吸菸，並宣誓此生『絕不再抽菸』。」

類似的情況，在工廠裡也發生過。爲了揣摩在工廠裡年輕員工的心境，和用他們習慣的詞彙宣導拒菸觀念，早過了耳順之年的嚴道，一點也不服老地積極學習，希望用大家最能夠認同與接受的方式，矯正這群年輕員工的吸菸習慣。

「我希望將菸害的觀念向下扎根，讓兒童、青少年了解吸菸的害處，也勸師長、家長們要以身作則。」嚴道最不贊成學校訓導單位動輒對吸菸學生施以記過處分。「大人先不吸菸，才能說服小孩吸菸有礙健康嘛！」

嚴道坦承，自己喜歡到學校演講的原因，除了有機會改變年輕人的觀念外，他還覺得：「這好像是對自己的孩子、孫子說話。我把愛付出給他們，覺得很快樂。」此外，嚴道還有另一個用意，就是希望身體力行示範給學子們看，讓他們知道：「付出才是快樂的泉源！」

其後多年，嚴道率領董氏基金會一群年輕的伙伴，製作系列公益廣告，分贈民眾相關的宣導資料，也舉辦各式演講、作文及海報比賽等活動，希望藉由各種不同的管道，呼籲大家不抽菸和拒抽二手菸。而每當基金會在舉辦活動時，幾乎都有許多青少年志工自願加入，這即是基於嚴道與青年們保持的深厚情誼，及基金會多年來往下扎根的工作，已獲得具體成效的表現。

「董氏」基金會的由來

嚴道在拒菸防制運動上不遺餘力的付出，讓他得到「現代林則徐」的美名。而許多人一提到董氏基金會，便直接將這個公益機構與「拒菸團體」畫上等號，甚至侷限了基金會成立的宗旨，僅在於推動拒菸及反毒運動上。

嚴道說，其實舉凡一切攸關青少年、兒童、老年人、婦女、成人的健康議題，都是董氏基金會努力的目標，只是創建之初，礙於人力、財力的限制，才會從菸害防制的工作開始著手罷了。

「本來，菸害防制只是環境保護組下面的一項活動，但後來因為要將整個議題推動成全民注目的焦點，所以開始設計拒菸的標誌、海報與活動，而之後又衍生出許多周

CHAPTER 4

董氏基金會草創時期

邊商品的製作，像是T恤、別針、貼紙、鬧鐘⋯⋯，結果慢慢地，菸害防制反而『喧賓奪主』，取代了環境保護組，成了主要的工作項目。」嚴道解釋。

此外，由於取名「董氏」基金會，很多人誤以爲嚴道本姓「董」，或誤以爲這是紀念嚴道姓「董」的「先人」所成立的基金會。前總統李登輝先生就曾多次在接見或表揚嚴道時，口誤其爲「董先生」，直到後來李總統已經清楚，曾和他同在京都帝大就讀的嚴道，並不是「董先生」，還是常一見面就開玩笑地叫他：「董先生，你好！」

其實，「董氏基金會」名稱的由來，有一段非常感人、關於朋友情義的故事⋯⋯

左起當年的陳寬強董事、董大成諮詢委員、毛松年諮詢委員、謝東閔資政、施純仁署長、董之英董事長、嚴道執行長，於董氏基金會成立週年慶祝會會後合影。

民國七十年左右，當嚴道還在香港創業時，與同爲「華商會」工會理事的董之英先生結識爲友，而這兩位熱愛祖國的商賈，十分投緣，便雙雙以華僑的身分回國投資。沒想到董之英因一時疏忽，竟答應概括承受了一筆胡塗帳，並誤簽了一紙幾近於綑綁一生的荒唐合約，而使公司面臨破產、被起訴的危機。

「董先生爲人熱心，又富有愛心。他是我國第一個前往西非奈及利亞投資的企業家，也曾在前行政院長孫運璿擔任台電工程師，前往奈及利亞協助該國設立電廠時，給予孫資政相當多的協助。」

事業遍及紡織、塘瓷、鋼筋各種行業的董之英，在受到政府感召回國投資後，一口氣就買下一家包括五個頗具規模的工廠的公司。但很信任人、做事又大而化之的董先生，根本不知道這家公司就快倒閉了，因而誤入對方圈套，使得自己深陷重圍。

發生問題後，董之英很快便找到嚴道幫忙，而嚴道也義不容辭地拔刀相助。

在經過學法律的嚴道深入剖析雙方的利害關係後，董之英知道自己百分之百地處於劣勢，便依嚴道的建議，在法庭上承認自己的確有所疏失，也願意承擔合約中的債

CHAPTER 4

董氏基金會草創時期

務，但對於那些概括承受而產生的公司負債，則請求庭上同意暫時僅付利息，本金則延後再償還。法官見董之英很有誠意，便同意了他的請求。

嚴道之所以會建議董之英出此奇招，正是因爲他慧眼獨具，看中了台灣經濟才剛起飛的繁榮景象，所以預測未來，地小人稠的台灣地價一定會飆漲。這幾個合約中倒閉的工廠，還好名下都有土地，因此只要董之英熬過這幾年的難關，等到土地價格上揚時，要償還債務就不是什麼大問題了。

果然經過三、四年後，這些土地眞的如嚴道所說，價格漲了數倍之多。嚴道此時賣地還錢，不但成功化解了董之英的財務困厄，甚至因理財得當，還幫董之英賺了一筆錢。

董之英爲了感謝嚴道，便慷慨贈予了二百五十萬美金（約等於當時的新台幣一億元）給嚴道，作爲助其解決法律糾紛的酬金。一心想推動社會工作的嚴道，婉謝了董之英的好意，並勸他以姓氏爲名，成立「董氏基金會」，爲台灣社會活動盡一份心力。

對於嚴道的美意，董之英原先堅辭不受，後來在嚴道的堅持與台大精神科宋維村醫師（當時是基金會理事）等人的勸進下，董之英才勉強接受此一提案。就這樣，台灣社會從民國七十三年起，多了一個捍衛全民健康的民間團體——董氏基金會。

成立之初貴人相助

「基金會剛開始申請時，差點就成立不了！」嚴道說出一段不爲人知的秘辛。原來，基金會當初依據「促進國民身心健康」的宗旨成立，洋洋灑灑寫了一大套計畫書，向政府機關請發執照，結果在申請的過程中，卻被有關部門質疑：「你們不太像是一個基金會嘛，好像是一個政府單位的中長程計畫。」

於是內政部覺得不便受理，教育部也覺得於法不合，反而回頭建議：「你們何不只挑一項來做，像是拒菸呀、營養呀、文教呀，只做一項就夠了嘛！」但堅持理想的嚴道，並不爲所動，依然矢志不移地朝目標邁進。

但在屢屢碰壁的情況下，嚴道終於也耐不住性子，心急如焚地直接前往總統府，拜會當時的總統嚴家淦先生及行政院長孫運璿先生。結果在孫院長的裁量下，董氏基金會的申請案轉到了衛生署，經當時的衛生署長許子秋和嚴道數次面談，了解嚴道爲國、爲民的滿腹理想後，才准予同意「董氏基金會」的成立。

與孫叔等藝人一同響應「送炭到晨曦」活動。1988年。

董氏基金會這十八年一路走來，一直得到許多關心國民健康的官員支持和鼓勵。嚴道感性地說：「董氏基金會在還『不懂事』的時候，就受到許多貴人的幫助。但其中最令我們感恩的，便是當時任衛生署藥政處副處長的張鴻仁先生。」

原來在基金會仍處於摸索階段時，張鴻仁就很看好基金會的潛力，所以一想到什麼好點子，就會找上嚴道，要基金會嘗試做做看。舉例來說，像是基金會推動「器官捐贈」的觀念，鼓勵民眾將器官捐贈卡和駕駛執照放在一起，就是出於張鴻仁的建議。

而日後基金會如獲至寶地找到前健保局總經理葉金川先生，並在天時、地利、人和的情況下，委請到葉金川擔任基金會的執行長，也都是拜熱心腸的張鴻仁一手促成。

為抵制美國利用301法案向台灣傾銷菸品走上街頭。1991年。

在新政府執政後，嚴道也深深感受到，阿扁政府很想多做一些有益社會事務的心意，所以政府單位也對董氏基金會寄予很高的厚望。像今年基金會大張旗鼓地舉辦Quit & Win活動，便是在衛生署長李明亮的大力支持下，由董氏基金會代表我國，參與世界衛生組織各會員國舉辦的一項重要活動。

艱苦戰役，擇善固執

董氏基金會創辦初期，自認人生七十才開始的嚴道，以六十多歲的少壯之齡，自個兒接下了基金會執行長的職務。當時體力仍然相當豐沛的嚴道，每天帶著委請台大公衛系招募來的三位女將——陳嘉齡、葉雅馨與蔡淑芳，上下一條心地往前衝，就算遇到阻力也從不畏懼。

自立晚報以整版篇幅報導嚴道博士對抗菸草的歷程。1994年。

煙槍止步，嚴道來也！

為了按熄戲院裡的煙頭，他會不惜跪下來相勸…

採訪＝呂政達 攝影＝林俊宏

〈嚴道小檔案〉

董氏基金會董事長，亞洲地區拒煙協會永久榮譽主席。

問：董事長推行戒煙有成，當年您是罹患肺部腫瘤，才興起戒煙行動的嗎？

答：的確是這樣，因爲五十二歲時，我動手術把肺割掉了，所以我把自己因爲抽煙而遭到如此艱苦的事講出來，希望大家不要抽煙。

問：這麼久以來，有什麼比較特殊的感想？

答：董氏基金會今年五月就已滿十周年，但包括籌備工作在內，我已經有超過十一年推行戒煙的歷史。當時做的時候，可以說是非常的艱苦，比方說，我們設計了一系列專家學者的演講，但是無論我們怎樣貼海報，在學校裡宣傳，來聽的人總是不超過二十個人。朋友當時鼓勵我不要氣餒，要再接再厲，慢慢的我們藉著推動海報比賽，把知名度打出去，我們還設計了LOGO，把這個經營的標誌打出去以後，慢慢有很多人也了解煙害的問題。尤其剛開始的時候，我真的是馬不停蹄，差不多天天有演講，目前我們每

，也有許多關於兒童教育的活動。因爲我們經過這幾年的奮鬥後，我們發現對成人的教育有非常的難，他們壞的習慣已經養成了，要他們改過來是非常困難的，當然也是有成功的例子，但還是很少，所以我們現在努力從兒童開始。

1 一場與尼古丁的戰爭

問：您自己戒煙過程裡，聽說太太的幫助很大。而一般人想要戒煙，您有什麼建議嗎？

答：我們會勸人家把煙戒掉，目前全國我們有一百個戒煙站，這次還在籌備一個在職訓練，由專家訓練來自台北、台中、高雄的藥劑師義工，把戒煙當做一種醫療行爲，包括心理和生理方面

太太。吃比較素的東西，每天洗澡，到牙醫那裡把牙齒徹底洗乾淨，西裝都送洗衣店洗過，家裡的東西全部清潔過，不能留下煙味，這是戒煙時最基本的準備動作。這樣以後，假如煙癮來時怎麼辦？像我一樣喝白開水。

這時，我們的義工藥劑師或醫生會開始給你治療，會給你輔助的口嚼錠；第二個就是貼片，尼古丁經過皮膚滲透進去，尼古丁的量夠了，當然你就不會有煙癮了，不過手上還是要拿東西，就拿枝筆嘛，有時候含含筆也沒有關係。可是最前面，也是最困難的五天，朋友和配偶都一定要幫忙，不要任意

開玩笑。很多朋友愛開玩笑，會慫恿當事人抽一根煙有什麼關係，講義氣的朋友就不及格，那這個朋友不能這樣做的，應該堅定他的意志，讓他珍視自己的生命。

還有一種方法，就是跟人家打賭。每個人都有虛榮心，朋友想鼓勵他，可以跟他打賭，說他不會成功，故意氣他，賭他如果成功請他一次酒席，或是到夏威夷玩一趟都可以，這種效果是非常厲害的。所以我曾經在學校演講完後，招生參加戒煙班，人來了以後，普遍都會有三、四十個人，我們就把他們分成兩組，就像電視裡的藍白對抗，我們會提供獎品，他們自己也會提供賭資，當然學生的賭資都是跟「吃」有關的，是榮譽的問題。我們每個禮拜會評估一次，看看成功的例子有多少。

2

，請您評估目前在社會上推行的效果？

答：當年美國是稱爲「Positive Smoker」，這個名詞很難翻，什麼「被動煙」也不好聽。剛好孫越拍了一部「二手貨」，我問他這個「二手貨」有沒有智慧財產權，我們來用好嗎？他也答應了，於是我們就發明了「二手煙」這個名詞，現在已經變成全世界都在用的了。

「拒抽二手煙」的理念，可以說推廣得非常成功，可是一般國民守法精神還是不夠，明明知道公共場所禁煙，他還是會拿出來抽。主要是很多人還是不敢要求別人不抽煙，怕會惹麻煩，例如

公車裡面司機在抽煙，你要他不抽，他說不定就緊急煞車，來跟你理論。

我碰到這種情形，一定會出來講話，當然我並不是年紀大就倚老賣老，我會非常的有禮貌，這方面我有六字訣，就是「禮貌，行動，權利」，你一定要很有禮貌的，用行動來爭取你的權利；沒有禮貌是不行的，你一定要先尊重人家，人家才會相互的尊重你，才會考慮到你的要求他會不會答應。

我偶而去看電影的時候，裡面有很多年輕人在抽煙，很多人都說這些年輕人是說不得的，但我勸導不要抽煙，幾乎有百發百中的經驗。我會走過去，一隻腳跪下來，我說我在這裡跪下來求你了，這裡是個密閉的空間，你抽煙你在享受，我們在受苦，我不能干涉你抽煙，我知道你現在對我很生氣，對方一定會說沒有沒有，馬上把煙熄掉，這就是個人性嘛，也是一種想辦法溝通的技術。

跟中毒一樣

問：我們吸煙文化的習慣改不掉，會不會也是個對戒煙運動的阻礙？

答：抽煙文化已經有三百年的歷史，但煙的問題是裡面有尼古丁，當它以二手煙的方式散佈出來時，會有害人體。美國衛生署發表報告指出，尼古丁上癮跟中毒沒有兩樣。然而我們推動戒煙運動時，碰到的對手卻是國際的煙草商，用幾十億美金做廣告、辦活動在跟你對打，你搞文藝、音樂，他們也辦這類活動，各方面爲他們講話的人很多，甚至美國不少大政治家都在背後推動。前陣子來過台灣的英國前首相柴契爾夫人，她就曾是某家大煙草公司國際促銷的代言人，那時我正是亞太地區拒煙協會的主席，這個協會是我們台灣創立的，當時我就發動亞洲所有會員國家，都寫信給柴契爾夫人，勸她不要爲了收一百萬美金，把整個國際形象都破壞掉，結果她真的退掉那一百萬美金。

這個事情是誰告訴我們的？是聯合國世界衛生組織煙害組的高級顧問裘迪斯馬凱博士，他是住在香港的英國人。馬凱博士通知我們，我們成功了，柴契爾夫人已經接受我們善意的建議，決定不接受這家煙草公司的錢了，可是她接受煙草公司安排的世界旅行，到台灣、香港、日本等地來了。

4 阿根廷與三〇一法案

問：所以當時柴契爾夫人來台灣後，並沒有爲煙草公司做任何促銷行動了？

答：我們曾經事先給與警告，如果柴契爾夫人這樣做，我們是要發起街頭活動的。你可以查一下，我們董氏基金會並沒有舉行過街頭活動，只有一次是美國利用三〇一法案向台灣促銷紙香煙，我們聯合了其他公益團體，舉著牌子到美國在台協會前抗議。結果裡面的處長請我們進去，我就跟趙少康和丁守中兩名立法委員一起進去。美國對我們來講，從來不會有什麼改變，他們處理方法就是一貫的外交手段嘛，講的和做的都是兩回事，可是我們仍然要表達我們的立場。

民國八十一年也有一次，到國貿局抗議，那時候我在阿根廷參加聯合國的吸煙與健康年會，我動用了很多腦筋，請很多國家的會員參與連署，但我坦白告訴你，平白要人家連署，他們會[illegible]嗎？所以我採取請客、喝酒的方式自掏腰包請各國代表喝酒，我們不用中國人乾杯的方式，讓他們可以自己挑酒喝，喝得差不多時，我才致詞說歡迎大家一起來，爲了健康和反煙的工作，我這裡有個提案，我把內容吃了，要大家連署，這時大家喝得醉醺醺的，要我不要講了，他們簽名就是。這麼一簽力量很大，最後大會決議正式出面，發文給美國的貿易部，要求美國不能用三〇一法案促銷香煙，危害第三國家人民的健康。那次是孫越

從阿根廷回來後，外交部長也寄來一封信，感謝我們在國外努力所做的國民外交。

5 二十一世紀無煙的世界

問：亞太地區拒煙協會，曾說要在公元兩千年前達到亞洲沒有煙害的目標，目前成績如何？

答：我們曾說過要在西元兩千年，達到「無煙的世界」，可是我們在香港開理事會時，已經把這個目標改爲，要在二十一世紀內達成理想。

我們開會，國際煙草商也有一個會啊，發表要在西元兩千年，讓全世界的吸煙人口保證成長百分之十七。他們發表白皮書，根據的理由是要從三方面開拓市場，第一是向婦女下手，如果婦女能夠抽煙，就會影響老公和孩子抽煙，他們認爲婦女抽煙的比率還是有待開發。第二個就是開發青少年的市場，第三個是開發落後地區的市場，基於這種想法而訂出每年成長百分之十七的目標。我們也可看到美國本土每年煙的銷售量都在下降，但是美國煙草廠商卻繼續擴張和增加生產，這些煙草都是往國外銷售出去的。所以我們才把目標改成二十一世紀內一定要達成，這種打戰，反煙拒毒，是沒有完沒有了的事。

今年十二月五日到十日，我還要到香港參國際反毒會議，代表法務部，報告台灣地區戒毒工作的情形。再近一點，十月九日至十四日，「世界戒煙日」要在法國巴黎召開年會，我們這麼小小的基金會就有四篇論文，要在會中發表，我們向政府申請補助，外交部只答應了補助兩張經濟艙機票，其他的錢還是要由我們自己負擔。

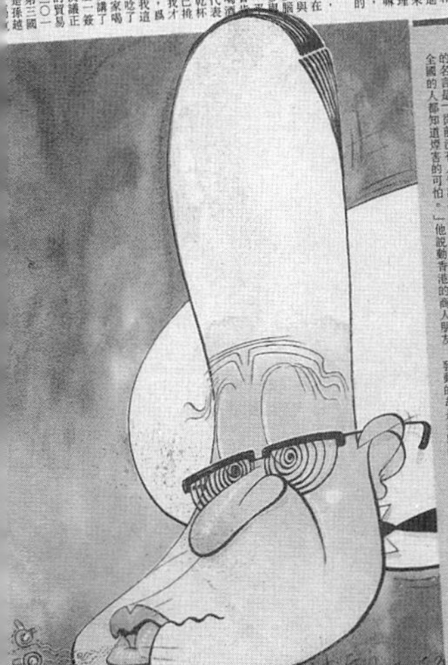

〈拍紙簿〉

當林則徐遇上徐則林

文＝呂政達 圖＝曾惠泉

台灣基金會裡，論宣傳的聲勢和定位的清楚，可能要以董氏基金會和它推行的禁煙運動莫屬。而董氏基金會董事長嚴道這十多年來，建立了「現代林則徐」的形象，更使他成爲這方面的權威和代言人。當他站在董氏基金會的辦公室裡，和一人齊高的「徐則林」漫畫造型合影時，也許還真會讓人覺得，兩者還有些神色相似的地方。

嚴道反煙，推行「拒抽二手煙」的運動，已經到了「不近人情」的地步，據說他的朋友只要知道嚴道要來，馬上就要熄掉香煙，免掉遭嚴道一頓訓；不過煙槍和癮君子，也不太有機會當嚴道的朋友就是了。然而，五十二歲時，嚴道卻曾因吸煙過度引發肺氣管阻塞，動手術切除右肺的一葉，從此他才認真展開反煙的生活。嚴道的名言是「從前沒有人告訴我吸煙的壞處，現在我要讓全國的人都知道煙害的可怕。」他說動香港的商人朋友董之英創辦董氏基金會後，台灣的拒煙運動便進入了一個新的階段，而嚴道引進生意投資和企業經營的手法經營董氏基金會，使得基金會的資金運作走上軌道，也常讓人津津樂道。

在第三世界國家裡推行反煙運動，最後都會發現，他們要對抗的，其實是來自帝國資本主義挾國力傾銷的國際煙草商。因而他也聯合亞洲其他國家，組織亞太地區拒煙協會，由他擔任永久榮譽主席，但這場對抗資本主義的「煙幕」大戰，無疑的將會是一場惡戰，七十三歲的嚴道雖然表達著一貫的樂觀進取，但仍有些魔長道消的無奈，幾年前他曾說道：「我的時間已不多了，要除去時間對我的威脅，只好用一天的時間，去做兩天的事了。」距離他說這些話的時間已隔五年多，時間更加少了，但嚴道卻仍維持在忙碌的軌跡上，絲毫沒有離開煙霧仍然瀰漫的社會。

董氏基金會的興盛，媒體和演藝界幫了許多忙，孫越、張小燕等人更是拒抽二手煙的永久義工；他們還舉辦各種海報比賽和演藝活動，將「拒煙」這個嚴肅的運動裝扮得很有嘉年華的慶典性質，然而追根究柢，這還是因爲「拒煙」這個主題相當具有號召力，但嚴道本人的魅力和執著，也是一個成功的主要因素。清朝的林則徐反鴉片，成爲後代反煙害、乃至對抗帝國殖民主義的一個象徵，但林則徐發動的只是一場注定失敗的戰爭，而一個世紀後的嚴道，面對世紀的行將關閉，他所要發動的卻是考驗耐力的恆久對抗。

惜跪 熄戲
1 一場與尼古丁的戰爭

嚴道翻開塵封已久的履歷資料，仍能細數當年招募的過程。「雖然她們後來不一定跟在我身邊，卻成了董氏基金會的駐外代表，蔡淑芳目前在國家衛生研究院研究處擔任要職，不單是她，連她的另一半林育弘醫師，也在婦女健康等專業議題上繼續協助基金會。」

而翻開董氏基金會的簡介手冊，更可從每年的工作記要中，更看出嚴道帶領基金會披荊斬棘，一路艱苦走來的血淚史。

民國七十四年一月，嚴道號召成立「拒菸聯盟」，吸收了一批熱心公益的演藝人員，例如孫越、張小燕、陶大偉等人，擔任拒吸二手菸的永久志工。

民國七十五年，董氏基金會首度發起拒菸月活動，由影帝孫越以「禮貌、行動、權利」爲口號，喚醒不吸菸者「有拒吸二手菸的權利」的意識。而陶大偉採用唱遊的方式，向兒童宣導菸害的可怕。

繼之，在當年的十一月，基金會邀請到拍攝「西部牛仔之死」菸害紀錄片的製作人，及揭穿菸商眞面目的《菸幕》一書的作者彼得·泰勒來台宣傳。接著，又抗議美

CHAPTER 4

董氏基金會草創時期

「可惜的是，在董氏基金會成立的第四年，政府竟同意准許洋菸進口，徹底毀掉這得來不易的一點成果，同時也再次使得國內的吸菸率迅速攀升至三四%，而且還嚴重造成吸菸年齡層普遍下降的趨勢。」

當年嚴道博士力邀孫越加入董氏基金會，成為基金會第一位終身義工。1986年。

國引用三〇一法案報復，逼迫中美菸酒談判達成有利於美國菸商的決議，在台北、台中、台南及高雄發起「一一〇八全國拒菸日」的簽名抗議活動。

嚴道的努力並沒有白費，在董氏基金會推動拒菸活動三年後，我國吸菸人口已由三二%下降至二八%；而且最重要的是，董氏基金會的公信力，至此早已深入人心，得到全國民眾高度的認可與支持。

嚴道一思及五花八門的香菸廣告，菸商大手筆的街頭贈菸活動與促銷噱頭，幾乎全都是針對青少年與女性而來，他心中更是急壞了。

但在七十六年一月一日，政府還是同意了洋菸的進口，而這項政令不論對嚴道或是董氏基金會的全體員工、志工來說，都是一項嚴重的打擊。

可是這麼沉重的一擊，擊不倒嚴道的信心，反而讓他積極構思出，何不興建一所「健康村」，以提供有心戒菸、戒毒者，一個脫離菸毒危害的中途之家？

邀請美國公共衛生署署長庫布博士(圖中)訪台，交流領導拒菸經驗。1994年。

雖然，這個理想中的聖地，最後因為答應贊助土地的企業家臨時抽腿，而未能由董氏基金會實現，但後來嚴道於民國七十七年，輔導另一個機構「晨曦會」成立了基金會，並在苗栗設立了一所「戒毒村」，也算是將這份理想，轉借他人之手完成部分心願了。

聯合同志，著手立法

民國七十六年一月，洋菸大舉入侵，董氏基金會公開發表「拒菸宣言」，促請政府規定菸品廣告必須刊登警言，速食店也應全面禁菸。當年四月，嚴道配合世界禁菸日，於國內二十五家報紙刊登拒菸廣告，並於六月三日禁菸節當天，特製禁菸熱氣球於國父紀念館廣場升空。十一月首度舉辦戒菸班，由藝人孫越、凌峰帶頭成立「戒菸俱樂部」。

在洋菸引進後不久，嚴道與董氏基金會的員工已然發現，菸商這一波鎖定兒童、青少年及婦女族群，極力開拓新消費市場的策略已收到不小的成效。經基金會進一步調查發現，在洋菸進口一段時間後，台灣國小高年級學生的曾經吸菸率竟高達一〇·九八％，而且有百分之一點多的學童，已有一年以上的菸齡。嚴道看到此項數據後，更是難過得自責，推動拒菸的腳步不夠快，才會讓菸商的策略得逞。

「贈送計程車禁菸椅套」活動，現場並贈送名為「關懷」的錄音帶。1993年。

當年校園舞會風氣盛行，爲了和菸商抗衡，嚴道命工作人員策畫一個「跳動一○○無菸舞會」的活動，以呼籲青年遠離菸害。隔年，並爲六萬名青少年，再次舉辦了一場熱鬧非凡的「無菸演唱會」。

民國七十七年，嚴道號召成立中華民國拒菸聯盟，首要之務，便是抵抗進口菸品的廣告促銷。同年亦發起「醫院全面禁菸」運動，並邀請全國四百位義工，加入觀察行列，主動評估各醫院全面禁菸的情況。心繫青少年的嚴道，不懼辛苦，同時還辦了「青少年戒菸團體」，並於校園內舉辦拒菸演講等宣導活動。

但鎮日與菸草抗戰的嚴道，不久後也體認了一個事實：若政府再不立法拒菸，台灣將繼清朝再度淪爲外國菸品的殖民地！

自覺責任重大的嚴道，於是聯合趙少康、郁慕明兩位立法委員，及中華民國消費者文教基金會的李伸一、柴松林、蔡再本等人，草擬了一個內含十二項條文的「菸害法」，並在嚴道的領軍下，前往衛生署拜訪署長施純仁，力陳「為了國民健康，中華民國絕對需要這部法規」。

終於在七十八年底，衛生署同意成立一個跨部會的小組，著手草擬「菸害防制法」。

從民國七十七年著手立法，八十年送入立法院排入議程，到八十六年立法院通過菸害防制法，前後歷經十年的艱苦奮鬥，而原本在嚴道身邊，和他一起推動法案的好友，也因物換星移、聚散離合地來來去去，但唯有嚴道，一路走來，始終如一，無怨無悔地為捍衛國民健康而堅持努力。

有掌聲，也有噓聲

這其間，董氏基金會還不斷藉徵文、徵畫、無菸舞會等多元活動的舉辦，也委請影評人藍祖蔚、藝術家任適正企劃拍攝「魔鬼在後面」兒童菸害教育短片呼籲全民共同重視菸害防制、節酒不過量、反毒拒毒等，與自身有關的健康議題，並於七十八年發起「十萬人拒菸簽名運動」，希望全民攜手連心，一起參與菸害教育的扎根工作。

七十九年，嚴道率領「中華民國拒菸聯盟」，向行政院長郝柏村陳情，要求取消軍中配菸，獲得善意回應。爾後前往校園、政府機關、公司行號，大規模宣導戒菸觀念。八十年，結合成龍、王祖賢、馬英九、吳伯雄等知名政界及演藝界人士，推出「拒絕安非他命，向安非他命說不！」公益廣告。更與藥師公會在全台設置一百個戒菸站，就近提供民眾戒菸的常識。

嚴道記得，董氏基金會在成立的頭幾年，每年還會發動數萬民眾，參加「戒菸、禁菸、除菸」活動，並於六月三日當天，仿照當年林則徐在虎門海灘焚燒鴉片的模式，在台北市中山堂前焚燒香菸，喚醒民眾重視菸害的可怕。

對於拒菸，嚴道堅定地說：「這是一個良心工作！」但他也深知，這是一項吃力不討好的工作，因為一百五十多年前，欽差大臣林則徐雖鑑於鴉片煙毒誤國害民而全力禁煙，且在銷毀兩萬多箱由英人輸入的鴉片時，曾沉痛地說：「鴉片若不禁止，數十年後，中原將幾無可以禦敵之兵，且無可充餉之銀。」可是事後，卻被顢頇無能的清廷革職，並流放到新疆伊犁。

CHAPTER 4

董氏基金會草創時期

台北統領百貨前，由嚴道博士帶領伊能靜等藝人展開拒菸宣導。1992年。

而今，大家都知道鴉片是毒品，會傷害人民的健康，使人心腐化，政治經濟癱瘓。但許多癮君子卻認爲：香菸不算什麼，怎能與毒品相提並論？又說：如果香菸有害人體，爲何政府要主動生產販售？且同意外國菸草商進口促銷？

嚴道遇有此類質疑時，還是會正色告訴對方：其實，吸菸不只影響個人，也影響社會風氣及國家整體實力。換句話說，菸害絕不寬貸任何一個吸菸人口。可惜的是，就是有一批癮君子，始終執迷不悟，不願承認吸菸會危害健康，也聽不進鐵證如山的實驗結果，難怪許多人會懷疑、擔心，嚴道和董氏基金會能打贏這一場與尼古丁的戰爭嗎？

嚴道記得剛投入拒菸工作時，曾去某校向年輕人演講，因學生指出一位老師未以身作則，經常在學生面前抽菸，嚴道認同學生說的有理，結果竟被該位老師寫文章罵是「共產黨」，說他鼓譟學生「目無尊長，搞革命」。

甚至有一次，董氏基金會在館前路新公園（現在的二二八紀念公園）舞台辦活動，曾被一些激動的菸槍老榮民，邊罵邊吐痰在臉上。

面對菸商不斷翻新的促銷手法，嚴道也絕不示弱地想盡辦法，經常辦一些活潑有趣的活動，希望能略勝一籌，不讓國人、特別是青少年的健康被菸商輕易攻佔。但也正因嚴道的誓不妥協，讓許多人覺得他在「擋人財路」，而心生厭惡，故處處藉機窮追猛打，惡意中傷董氏基金會和嚴道的形象。

嚴道記得，在推動菸害防制法的過程中，董氏基金會曾飽受許多利益團體的壓力，並嘗盡某些立法委員的冷眼對待，吃了不少閉門羹。而有些立法委員基於自身利益，甚至明知道嚴道拒菸，卻還故意拿菸請他抽，意圖羞辱他。

「有人給你掌聲，就必定有人給你噓聲」，嚴道深明其理，所以不論是聽到掌聲或

CHAPTER 4

董氏基金會草創時期

噓聲，嚴道始終步伐堅定，不曾忘懷「服務社會」的初衷，也隨時以他的偶像——證嚴法師的所做所為，當做砥礪自己努力向前的目標。

以證嚴上人為偶像

「在台灣，我最仰慕的人，就是花蓮慈濟功德會的證嚴法師，她是我永遠的精神導師。」嚴道稱讚證嚴法師是「真正的大宗教家」，因爲她的所做所爲，都是爲服務人類、保護地球而努力。她辦醫院、辦學校，不求絲毫回報，這種精神實在很了不起。「不論救人救世，她不分國家種族，氣量之大，沒有人可以和她比，我非常欽佩她！」

雖然嚴道比證嚴法師虛長幾歲，但嚴道仍抱著謙恭、禮敬的心，親赴花蓮，向證嚴法師請益，也以證嚴法師「把錢用在助人工作上，

於記者會上，力促政府對菸品開徵10元健康捐。1999年。

而非把錢用在蓋廟、買地、爲神穿金戴銀上」的原則爲學習效法的對象。

嚴道坦言，自己對於某些宗教領袖，習於浪費金錢在對人無所助益的事上，十分反感，且百分之一千地反對！「我常看見有些宗教機構，蓋個什麼建築，一花就是幾十億，想想看，這些錢如果用來買糧食，可以救多少人呀！」嚴道認爲應該把「錢」用在救人一命的刀口上。

有意思的是，嚴道有機會應邀前往各級學校畢業典禮致詞時，都會把握好機會，對所有畢業生說：「同學們，今天我要送你們一個大禮，那就是——證嚴法師服務人群的理念。」嚴道想盡辦法把證嚴法師的好想法推銷給年輕人，希望年輕人能學習她十分之一、百分之一的精神，不以追求享樂爲目標，而以服務人群爲目的，讓一生平平安安、心情快樂。

希望大家健康過一生

嚴道敢做敢當的個性和驚人的毅力，向來聞名於公益界，既然下定決心推廣拒菸運動，當然要做到鎖定目標，半點不漏，一試再試，百發百中。

CHAPTER 4

董氏基金會草創時期

「根據世界衛生組織統計，全世界每年至少有三百五十萬人喪生於菸害，等於一天摔下廿幾架波音七四七飛機的死亡人數。而且這個驚人的數字，預計到二○三○年時，將會暴增至每年一千萬人，這簡直是太不值得了！」

嚴道說，不論是吸菸或吸二手菸，都是一種慢性自殺，唯有了解菸害，自知自制，並控制抽菸的欲望，生命才可以有更多、更美好的享受。

熱愛生命的嚴道，爲了勸人在戲院裡熄菸，曾不惜單腳蹲跪在對方腳邊，請求對方熄菸。在看到電視中的官員、政治人物、教育首長，在開會時不自覺地叼菸，他也會不厭其煩找到對方的電話，立刻和對方通話，並以央求的口吻請對方：「拜託可不可以不要再做出不良示範了！」

嚴道之所以如此「多事」，一方面是認爲對方是意見領袖、媒體寵兒或政府官員，更是有影響力的人，當然應該負起帶頭的示範作用。另一方面，在菸害防制法送進立法院的同時，董氏基金會也督促環保署，頒布通過「公共場所禁菸辦法」，行政院長郝柏村更下令行政院所屬各部會的首長及局處長，要利用動員月會舉辦菸害防制的講座，所以嚴道理所當然地認爲：媒體上絕對不宜再大刺刺出現有人吞雲吐霧、叼菸耍帥的鏡頭。

就像每次在公共場所，看到少數國民守法精神不夠，無視於別人的存在，在禁菸的地方大噴其菸；而大多數的人，明明知道自己有拒吸二手菸的權利，卻仍抱著多一事不如少一事的心態，默許縱容對方侵犯自己的權益。可是只要嚴道碰到這種情況，他絕不會沉默以對，但他所採取的方法也不是倚老賣老地糾正指責，而是以自創的「禮貌、行動、權利」六字訣，來勸對方不要繼續抽菸。

舉例來說，看到有人在密閉的空間抽菸，嚴道會和緩、禮貌地走過去，先請教一聲：「先生（小姐），我說句話請你不要生氣。」待對方首肯後，他才會繼續說：「這是個密閉空間，我不能干涉你抽菸，不過你抽菸是在享受，我們卻在受菸熏之苦，所以可否請你到外面抽菸，不要讓其他人吸到二手菸呢？」結果，沒有一個人不被嚴道誠懇的態度所說服。

不過，嚴道笑著說，嚴媽媽已經有許多年不讓他到電影院看電影了。原來，嚴道有一位身體如鐵打的海軍朋友，有一次在戲院內，看到幾名青少年目中無人地在抽菸，便火氣十足地大聲斥喝：「這裡是什麼地方你們不知道嗎？」待電影散場後，這位海軍朋友竟被四、五個青少年圍毆得鼻青臉腫。

「台灣眞的沒有第二個人，能夠像董事長一樣，擇善固執又理直氣壯地嫉菸如仇、堅持到底！」孫越說，嚴道對於勞動者非常尊敬，但如果他看到打蠟工人在抽菸，也會忍不住勸對方不要抽菸，以免傷害身體。

嚴道說，在公共場所勸人不要抽菸，一定要先以尊重的態度相待，再拿出實際行動爭取自己的權利，如此一來，對方自然能夠心平氣和地接受勸說，心悅誠服地尊重你的要求。

CHAPTER 5

得道者多助

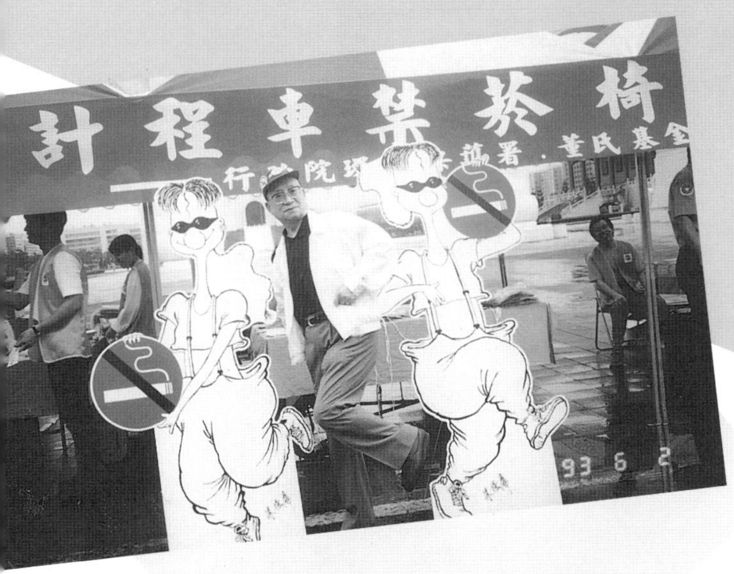

獲第一屆全國公益獎，由當時的司法院長林洋港頒獎。1992年。

獲國家公益獎，陳淑麗獻花。1992年。

分進合擊，全面反菸

從民國七十六年起，嚴道因爲「拒菸鬥士」的清新形象，屢獲各單位表揚。例如民國七十六年獲衛生署表揚。民國七十七年十二月，嚴道又因推展拒菸運動，榮獲當年度「好人好事」代表，接受總統李登輝接見表揚；同年，並獲得環保署表揚。

民國八十一年，時年七十一歲的嚴道，在九月榮獲「第一屆全國十大公益獎——生活品質類（基金會）」獎表揚。

同年十一月，嚴道獲中華民國社會運動協會，頒獎表揚爲第二屆社會運動和風獎的「傑出社會運動領袖獎」（本獎項第一屆得主，便是嚴道的精神導師慈濟證嚴法師）；此外，董氏基金會另獲教育部表揚為推行社教有功團體，嚴道個人則獲教育部頒獎表揚為「推行社會教育有功人員個人獎」。

董氏基金會各項輝煌的受獎紀錄，多年來累積得難以述載。但是，嚴道卻不以此為公益事業的最巔峰，反而在每次獲獎後，立刻將心態歸零，在拒菸、戒菸的路上，重新找到方向，再次整裝出發。

嚴道的大愛精神，及不屈不撓的奮鬥意志，就連對手也感到敬佩。社會上一般有識之士，當然就更能心領神會，明白嚴道不計榮辱為別人健康奮鬥的苦心了。

民國八十一年，董氏基金會邀請當時的總統李登輝先生，參與了拒菸廣告的拍攝，在中正紀念堂的廣場上，與二千五百位青少年，一同對全民宣示：「向菸說不！」這個由中華民國領袖帶領，偶像伊能靜、潘美辰、林志穎、

榮獲第一屆國家公益獎，蒙當時的李登輝總統接見。1998年。

榮獲好人好事代表，前排左四是嚴道博士。1988年。

黃平洋響應，上下一心反菸的石破天驚宣示，掀起全國向菸說不的風潮，也說明反菸運動已逐漸形成全民共識的事實。

嚴道見時機成熟，與衛生署、救國團共同發起不吸菸運動，全國同步有六十六個單位，共同發行「禁菸見證卡」。演藝人員組成的義工隊，並在西門町爲五百餘家商店，張貼「不販售菸品予未滿十八歲者」的標示，全面創造新世代的健康生活運動。並大量發行「我×歲，我不吸菸」的拒菸身分證，在演藝人員的帶動下，總計約有超過二十萬人索取。

民國八十二年，有鑑於青少年吸菸人口依然居高不下，董氏基金會推出了漫畫家朱德庸及老瓊繪製的「徐則林」先生、「徐則琳」小姐，作爲杜絕現代菸害的代表人。

當時，「徐則林」的大型立牌林立於醫院、學校、各政府部門的入口處，「徐則林」的貼紙則遍貼大眾運輸系統內，連計程車也不例外，這耳目一新的氣象，確實讓人明顯感受到：無菸的環境，才是最高品質的生活空間！

民國八十三年，董氏基金會成立十周年，除了邀請藝人L.A.BOYz與徐則林合拍拒菸廣告及海報；港星張學友也配合董氏基金會到幼稚園宣導拒菸，並密集拜訪立委，請求將菸害防制法草案列為優先法案審理。八十三年六月一日，菸害防制法草案一讀通過，成為董氏基金會成立十週年，最欣慰的一項賀禮。

民國八十四年，國內九大航

董氏基金會成立十週年，邀請藝人L.A.BOYz與「徐則林」合拍拒菸廣告及海報。1994年。

空公司在董氏基金會的拜訪說明下，深入了解航空器禁菸的必要性，所以在當年五月三十一日「世界禁菸日」當天，九大航空公司負責人宣誓從當年七月起，實施飛航全面禁菸政策（我國的這項政策比世界民航組織提早一年實施）。

民國八十五年，整體大環境逐漸凝聚拒菸、戒菸的共識，醫界、立法委員、交通工具業者、民眾，支持公共場所全面禁菸、拒菸的人口愈來愈多，董氏基金會再也不必慨嘆「孤掌難鳴」了。

畢其功於菸害防制法

民國八十五年九月二十六日，菸害防制法在立法院進行審查的最後期間，董氏基金會和菸商團體的攻防戰，已進入近身肉搏戰的極慘

1998年，獲頒醫療貢獻獎。

拜訪郝柏村部長，希望支持取消軍中配菸。1990年。

烈戰況。

支持菸商的立委們，不惜任務編組，輪番重砲轟擊指稱：「菸害防制法是全世界最嚴苛的法案，董氏基金會是最霸道的公益團體」，並嚴詞指責說：全世界都在講自由貿易經濟，菸品既然是合法商品，董氏基金會卻不准菸品自由販售、不准菸商做廣告、妨礙抽菸者的權利，是徹徹底底的「法西斯主義」。

當年底，菸害防制法進入朝野協商的最終階段，董氏基金會雖然拒菸工作推得響叮噹，卻不得不承認：「若得不到菸商點頭，只要立委輪番阻撓，菸害防制法終究是無法在立法院通過。」於是，在兩位熱心的立法委員陳其邁及謝欽宗的協調下，雙方人馬決定坐下來協商。

由幾大菸商組成的中華民國菸業協會，推出漂亮而強勢的談判代表，也找到許多德高望重的有力人士、專業律師爲其代言，企圖壓制董氏基金會這一群「泛泛之輩」。

剛從美國治療癌症完畢的嚴道，帶領著基金會菸害防制組主任林清麗及義務質法律顧問林信和律師，毫不客氣地對著曾任駐外大使，當時擔任菸業協會理事長的芮姓代表直言極諫：「芮老，我認識你許久，對你一直很敬佩，你今天怎麼代表菸商出來阻撓菸害防制法？你實在很對不起台灣的人民！」結果不但芮姓代表感到不自在，就連菸商聘請來的兩位律師也深感震撼，氣焰不知不覺差了一截。

民間團體拜會當時的行政院長郝柏村，期盼推動政府各部會禁菸。1992年。

協調會中，董氏基金會表示誠意，願意和菸商達成下列協議：一、「菸品有害健康」必須達成共識；二、不可以廣告大力促銷；三、不可向青少年推銷或以超值贈品送給青少年，如：精品筆、T恤、鐘錶……，誘導他們購買菸品；四、公共場所應禁菸，保護非吸菸者權利。

好在協調會中，陳其邁巧扮黑臉，火力十足地逼菸商讓步，而謝欽宗則扮演和事佬，請大家冷靜下來坐著談，兩人一搭一唱，一緊一鬆，默契十足地壓低菸商的氣焰，終於達成初步的共識。

沒想到，事後菸商卻不認帳，反而氣勢逼人，四處造謠表示：「董氏基金會沒有彈性，堅持己見，逼得菸商只好團結反抗。」令董氏基金會爲之氣結。

幸而在這場激烈的戰役中，正義並未缺席。在這段期間，「新新聞」、「商業周刊」雜誌先後報導：立法委員接受菸商酬庸，觀賞張德培網球賽；並據實揭露「立法委員一面倒向菸商」，使菸害防制法立法生變的消息。

由於畏懼選民的反彈，許多曾受菸商招待的立委，更急於撇清與菸商之間的曖昧於美國在台協會（ＡＩＴ）前表達「菸品開徵健康福利捐不會影響台灣加入ＷＴＯ」。1998年。

關係，所以之後再召開一次協調會時，頻失立委撐腰的菸商，態度整個軟化，旋即同意接納上述的談判條件。加上丁守中、李慶安、沈富雄以及令嚴道十分懷念、因肺癌過世的盧修一等委員，頻頻大聲疾呼，自始至終一路支持，終促使立法院順利將菸害防制法三讀通過。

八十六年三月四日中午，是歷史性的一刻！當七十多歲的嚴道，坐在立法院二樓的看台上，聽見菸害防制法完成立法的那一剎那，他激動地落下了興奮的淚水，眞情流露地撫胸感謝。而主持會議的劉松藩主席也非常幫忙，要眾委員不要再提出臨時動議，讓此項法案再橫生枝節。

CHAPTER 5
得道者多助

多年來，董氏基金會以一個「拒菸團體」的公益形象深入民心，在禁菸的議題上盡心盡力地付出，積極爲社會貢獻。事實上，經過多年的努力和奮鬥，從被誤解、排斥、中傷，到如今公共場所、醫院、戲（劇）院、航空器、交通工具、公家機關全面禁菸，國民普遍接受拒菸反毒的觀念，嚴道可謂是居功厥偉。

尤其他帶領董氏基金會的全體員工和志工，一關過一關，一站又一站，逐步實現無菸社會的理想，那種堅持和大愛，更令多數人自嘆不如。

勸人戒菸廣結好友

翻山越嶺，長途跋涉，一旦法案通過，嚴道卻努力忘卻痛苦，只記得因爲勸人戒菸，和許多人結爲好友。

「我還記得，董氏基金會剛成立時，前衛生署長許子秋，是菸不離手的老菸槍，每次見面時，他都好意地請我抽菸。我則把握機會，立刻勸他『菸不能抽呀』，尤其許署長是全國健康的統帥，如果署長連接見民眾、開會洽公，都習慣叼根菸，實在是太對不起國民了。」

嚴道視菸如讎，直言不諱，鍥而不捨地勸誡再三，許署長也深受感動，坦言自己上癮太久了，以後盡量不在公共場合抽菸。

此外，曾任總統府秘書長的吳伯雄，在擔任台北市長時，有一次在市議會質詢中途休息時間，和議長、議員們協商，順手掏出了一根菸抽了起來，嚴道從電視上看到了，立刻打電話給吳伯雄。

沒想到電話打了半天，怎麼都連絡不上，嚴道於是寫了一封言詞懇切的信，勸誡吳伯雄身爲一市之長，是民眾的楷模，一定不能抽菸，經過多次書信及親自拜訪勸誡之後，吳伯雄大爲感動，表示會從善如流。「我很不禮貌地向吳市長直言：如果一般人，硬要傷害自己的身體，那我沒話說；但你的身分是市長，身體不屬於你自己，便不可以隨便『害人』。」嚴道理所當然的堅持：市長抽菸作了壞的示範，就是等於間接傷害國民健康。

之後，吳伯雄果然不再在公開場合抽菸，但私下仍不免抽抽菸解癮。嚴道再接再厲，屢屢勸誡，終於在民國七十九年禁菸節演唱會上，吳伯雄獻唱一首「相思雨」，將歌詞中「我只有抽著菸，一支又一支」，改成「我只有喝著茶，一杯又一杯」。

CHAPTER 5
得道者多助

接著，吳伯雄大聲宣誓：「從今天起，我發誓全面戒菸。同學們，你們當我的見證人，好不好？」吳伯雄並表示將盡其能力所及，協助董氏基金會推動戒菸工作。接著，從口袋中掏出一張五十萬元的支票，表示數額雖然不大，卻是自己個人的捐贈，象徵從今以後，他將成爲董氏基金會的終身義工。

吳伯雄和嚴道這段「不打不相識」的緣分，不但讓吳伯雄完全戒了菸，而且還成爲「董氏基金會」一股重要的拒菸力量，經常自告奮勇爲基金會的活動站台。

「還有很多不認識的朋友，一見到我，怕我這位老先生會說他們，都會趕緊把菸熄掉。」嚴道笑著稱自己很「難纏」，但也因爲誠意勸人戒菸，結交了許多好朋友。

「因爲戒菸，我得到許多獎勵，而前總統李登輝先生，在接見我們這些『好人好事』、『十大公益團體』代表時，總要把我拉在身旁，有時候，還眞讓我糗極了。」面對前總統李登輝的厚愛，嚴道露出少見的羞赧神情。

像是有一次，李總統接見一些團體負責人，嚴道最仰慕的精神導師——證嚴上人也在場，李總統卻堅持要嚴道坐在上座，嚴道謙辭再三，依然被李總統請上座，結果董氏基金會三位終身義工，左起孫越、吳伯雄、陳淑麗。

整個過程，嚴道都覺忐忑不安，自認受之有愧。

還有一次，嚴道和家族中一位長輩同時接受頒獎，完畢前合照，李總統也不理會該位長輩提議：「拍照應該長幼有序」，堅持先和嚴道合照，讓他窘得不知如何是好。嚴道說：「我想李總統是對禁菸活動印象深刻所致吧！雖然幾次會面，他總要稱我『董』董事長，但顯然他是支持禁菸行動的。」

終身義工情意結盟

除了前述的吳伯雄先生，擔任董氏基金會的終身義工外，董氏基金會還有兩位終身義工──孫越及陳淑麗，也是情義結盟的最佳典範。

「我們四個人，正好年齡各差十歲，我八十二歲，孫越七十二歲，吳伯雄六十二歲，陳淑麗五十二歲，正好像個階梯一樣排下來。」嚴道回憶，起初孫越和基金會並不熟，但因孫越一直從事公益工作，兩人常有機會碰頭相談。

七十三年間，有一回孫越應邀前往參加扶輪社舉辦的環境保護研討會，正好坐在嚴道身旁，嚴道問孫越：「你抽菸嗎？」孫越說：「我戒掉了。」嚴道再問：「你是怎麼戒掉的？」孫越自我解嘲：「我是豬八『戒』，起先怎麼戒都戒不掉，後來是因爲知道二手菸會害人，不只是害自己一個人而已，就開始認眞考慮了，畢竟，害自己沒關係，但是害別人，絕對是不行的，所以就堅決把菸給戒掉了。」

嚴道聽孫越這樣說，非常高興，因爲這表示孫越對二手菸已有正確觀念，便立刻大膽提出邀請，希望他有空多多幫忙董氏基金會，沒想到孫越竟一口答應，並馬上全力投入推動宣導「吸菸有害建康」的觀念，後來並與陳淑麗一同宣誓，成爲董氏基金會的終身義工。

「孫越本來是以演藝圈作爲舞台，但從七十八年宣誓成爲董氏的終身義工後，便以公益作爲舞台，他眞的是一位有大智慧、大愛心的人。」嚴道一直非常感佩孫越的付出，尤其是孫越後來一路參與推動「菸害防制法」的立法工作，更讓嚴道認爲，若台灣菸害防制工作有一些成績，孫越絕對有他不可磨滅的功勞。

至於會和陳淑麗結緣，是由於她正好是基金會一位員工姐姐的好友，而陳淑麗因爲是在很困難的情況下戒了菸，非常認同菸害的可怕，所以在七十五年接受基金會出版的《大家健康》雜誌專訪後，便志願成爲基金會的終身義工。

當時基金會大多數的義工都是男生，正欠缺一位願意站出來承認自己曾經抽菸的女性戒菸者，現身說法談論菸害的可怕，陳淑麗的出現，眞是天助董氏基金會，嚴道爲了禮聘她擔任義工，還特別愼重其事擺了一桌酒席。

陳淑麗大爲感動，決定全力投入，不讓嚴道失望。陳淑麗豪情萬千地對嚴道說：「沒問題，你儘管叫我，你一叫，我一定來。」果然，嚴道把這句話給記牢了，只要一有活動，總會邀陳淑麗參加，而陳淑麗也果然每次都到。

陳淑麗加入基金會後，不但無役不與，而且幾乎成了嚴道的另一個女兒。嚴道特別喜歡和「阿麗」聊聊天，而阿麗樂觀的個性，也常帶給嚴道許多快樂。

像是嚴道在七十六歲罹患前列腺癌，從美國電療完畢回台靜養，住在醫院裡悶悶地躺在床上，阿麗一去，立刻拿起一個捲筒衛生紙跳起彩帶舞，直把嚴道逗得笑得合不攏嘴，也忘了身體的病痛。

「阿麗就有這個本事！任何場合只要有了她，就絕對不會冷場。」嚴道最感佩陳淑麗的是，自從她成爲基金會終身義工後，幾乎每天下午都會到基金會轉一轉，而且還一捨再捨地，先在演藝圈逐步淡出，最後爲了保持形象的客觀中立，索性連保險工作也放棄不做了。

病榻不忘爲義工打氣

「孫越＋陳淑麗」的組合，默契十足，能說會做，號召力強大，讓董氏基金會突然如千手觀音般，增添了好幾十倍的力量。

但也正因如此，當這些社會形象良好的終身義工受挫時，那種打擊和嘔氣，也是加倍相乘，既苦澀又難以呑嚥。

孫越及陳淑麗不約而同地記得，民國八十五年，嚴道在美國醫治前列腺癌，他們兩位則坐鎭在立法院旁聽席，聆聽「菸害防制法」的審查經過，並主動向持反對立場的委員，表達誠意溝通的想法。結果，竟當場被部分委員以傲慢無禮的態度對待。而一位目前已任教於中國大陸某大學的卸任委員，竟還故意大聲斥責，拂袖而去地「下馬威」，讓孫越當場氣餒得跌坐在身後的椅子上，默不作聲；陳淑麗則錯愕得楞怔在一旁，不敢相信。

這種種苦戰的情況，當晚透過工作人員的傳達，讓遠在美國關心此法案的嚴道獲悉，內心更是焦灼萬分，恨不得立刻就能趕回來和他們並肩作戰。但因體內的癌細胞頑強作祟，令嚴道身體仍然十分孱弱，只能感歎心有餘而力不足。

嚴道在病榻上，特別寫了一封信傳眞回台灣，向孫越、陳淑麗表示：「爲了公益，你們兩位受委屈了，眞對不起！」嚴道並自責因身體狀況不佳，無法親自參與法案的推動，因此特別拜託孫越及陳淑麗，務必帶領基金會的同仁們，進行最後階段的奮鬥。

「那段時候，連孫叔叔、陳姐都說，當時其實是董事長在美國指揮我們的。」基金會菸害防制組林清麗說，當時的感覺就是：「家裡沒有大人，又遭遇一連串的強烈挫折！」不過林清麗不得不承認，也因爲處境如此困難，董事長又在遠方爲自己的生命搏鬥，反而激起兩位終身義工的使命感和戰鬥力，覺得一定得效法嚴道的精神——堅持到底。

歌手薛岳（右）生前為董氏基金會拍攝他最後一支公益廣告片。

那段期間，孫叔叔幾度犯了氣喘的老毛病，但還是堅持在立法院奔走，等把事情談到一個段落，才肯去醫院就診。孫越及陳淑麗日後在廣播節目中受訪時，一再特別提及：「換做是別人，自己都得癌症了，還管得了這許多嗎？但嚴董事長不同，他總覺得推動菸害防制法是他的事，所以才會以拜託的口吻，請求別人來替他帶領基金會的員工做事。」

鼓舞薛岳不放棄生命

民國七十九年八月一日，歌手薛岳透過廣播人陶曉清，約嚴道在台北市犁田餐廳見面。當天雙方談了兩個多小時，幾乎都是嚴道在勸薛岳不要放棄希望，要勇敢地活下去。

在會談的過程中，薛岳幾乎沒說幾句話，只簡單表示願意爲董氏基金會拍攝公益廣告，現身說法，勸年輕人不要輕易嘗試抽菸，以爲年輕有的是本錢，就任意糟蹋自己的健康，等到罹患肺癌後，才後悔莫及。

當時，薛岳自知生命只剩三個月，已不再接受化療，他進入安寧病房，合法使用嗎啡止疼，只期盼能在生前多爲社會盡一份力量。董氏基金會便據此寫了一份企劃書，向IBM電腦公司申請一筆四十萬元的經費，委由剛從美國返台的王獻箎義務擔任導演。

那次公益短片的場景位於林口山上，是當時台灣最大的片廠。而導演爲了要搭一個沙漠的景，運了兩卡車的沙到片廠，但由於山路難行，嚴道爲了感謝卡車司機的辛勞，叮囑工作人員一定要額外包個紅包給兩位運將。結果兩位運將先生看到薛岳在拍片，知道這是在拍公益廣告，也很講義氣地只拿了紅包袋，留下其中的謝金。

但這當中，還是發生了一件令人捏一把冷汗的插曲。原因是，嚴道事先不知拍片細節，熱情地前往片廠探班，打算爲大家打氣，沒想到導演一喊「開麥拉」，現場幾支大型風扇一吹，整個片場揚起一陣厚厚的沙塵，嚴道因五十二歲那年曾割除右邊一片肺葉，呼吸道對沙灰塵土十分敏感，一看塵土捲撲而來，立刻轉身往外跑，還是因爲嗆到沙土而邊跑邊咳，把陪同前往的基金會人員給嚇壞了。

之後，嚴道元氣大傷地在片廠外喘了半天，但他卻堅持等這一幕拍完後，再進片

CHAPTER 5
得道者多助

廠鼓勵大家。之後薛岳在「現身說法」的演唱會上，亦頻頻對國人大聲疾呼：要尊重生命！愛惜生命！而這段發自內心的肺腑之言，不僅讓許多國人感動得熱淚盈眶，且此活動也被媒體認爲是一九九〇年最感人的事件之一。

薛岳過世時，嚴道並沒有到公祭現場致哀，因爲他太過憂傷薛岳年輕生命的殞落，所以他選擇了獨自在家默哀，也不敢承受親眼所及，那白髮人送黑髮人的至大哀慟。

不畏流言信任李明依

另外還有一位曾爲董氏基金會拍過公益廣告的偶像李明依，也讓嚴道印象深刻。當時，李明依曾拍過一支廣告，廣告詞是：「只要我喜歡，有什麼不可以！」結果引來許多非議，還遭到教育界、社會人士質疑其混淆青少年價值觀，甚至還把她標籤化，認爲她的叛逆性格，正是那些「爲所欲爲」的族群代表。

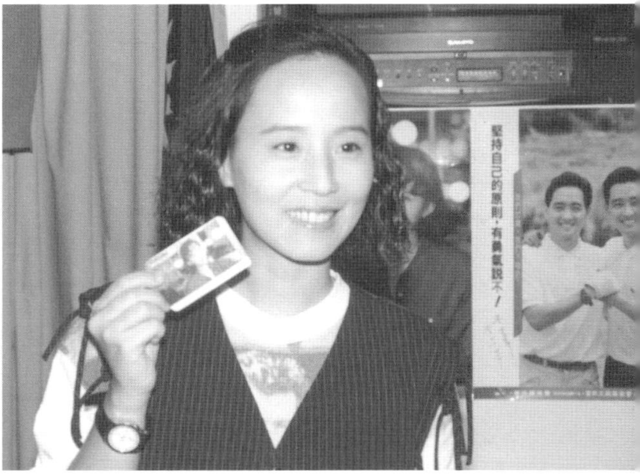

李明依擔任董氏基金會拒菸大使，與李志奇、李志希拍了「我×歲，我不吸菸」公益廣告。1992年。

但嚴道一點都不老古板，反而從正面的角度去看待這個問題，他認為，正因為年輕人經常是這麼想的，所以更該讓他們有正確的觀念，明白菸品對身體的傷害，才能勇敢對菸品說「不」！

嚴道還記得，李明依在成為董氏基金會的拒菸大使時，已經戒菸一段時間了，但影視圈仍然傳言李明依並未眞的戒菸。關於這一點，嚴道親自和李明依見面談話後，就相信了李明依。「因為按照李明依的個性，她根本不需要騙人，她說沒有抽菸，就表示她已經不再抽菸。」嚴道很篤定、信賴地替李明依背書。

之後，董氏基金會不但請李明依和李志希、李志奇拍了「我×歲，我不吸菸」的公益廣告及宣傳海報，也邀她擔任為期一年的拒菸大使。雖然這段期間，不利李明依的流言依然有增無減，但嚴道卻不為所動，仍然對李明依深具信心，且誇讚李明依很稱職地扮演拒菸大使的角色。

民國八十六年，李明依曾在自己主持的深夜廣播節目中表示，她一直非常感謝董氏基金會願意讓她當義工，而她這個義工，還眞是個trouble maker，為董氏基金會惹了不少麻煩，眞虧得基金會完全的包容和力挺，才讓她得以順利完成一年的大使任務。

和成龍合影好興奮

在歷任拒菸大使，還有兩位是來自香港的大明星，一位是關之琳，一位是成龍。這兩位遠道而來，義務參與宣導二手菸害處的巨星，皆讓嚴道印象深刻，深表感謝。

最有趣的是，據基金會工作人員表示，關之琳及成龍，正好都是嚴道最喜歡的偶像，所以初見兩位偶像時，嚴道也像年輕人看到心儀偶像般的，興奮得坐立不安，且趕緊請工作人員幫他和偶像合影留念。

與偶像關之琳合影。1995年。

尤其是成龍，由於在巴西及美國的女兒、孫女們都喜歡JACKY CHEN，嚴道更視他為心目中的大英雄，所以在案子還在洽談的過程中，嚴道就嚷著要和成龍合影留念。而成龍——這位當紅的國際巨星，竟然也毫無架子，一聽說台灣的公益巨人嚴道

和偶像成龍合照，嚴道博士有著年輕人追逐偶像的熱情與興奮。成龍於照片上寫著「Love U」。2001年。

喜歡他，立刻找出一張最得意的照片，上面寫著：「只要世界上多一些像您這樣熱心公益的人，這個世界會更美好。祝您生日快樂、身體健康。」託基金會前去拜會的工作人員，轉送給嚴道當生日禮物。

成龍來台擔任拒菸大使的案子，前後大約進行了兩年半，其中遇到相當多的阻力，既要兼顧廣告、錄影帶、平面等相關人員的通告，還要港台兩地相互聯繫，之後還卡著成龍前往美國好萊塢開會等行程，複雜度數倍於往昔的任何一個合作案。

成龍來台的那一天，嚴道事先便很高興地向國外的親友宣告：「今天我要和JACKY CHEN一起開記者會哦！」

記者會場上，嚴道一點也不掩飾他陶醉在巨星光環下的心情，他很率真地說：「我今天打電話給我女兒，很興奮地告訴她：我今天要和JACKY CHEN開記者會。最棒的是，現在我居然就坐在他旁邊，對著他講話，而且，現在，我還可以——」他迅速碰碰成龍的手臂，快樂地說：「摸他一下！」嚴道眼神發亮的表情，活像一個心願達成的孩子般，既天眞又坦白，讓成龍這位國際巨星，也被他的赤子之心逗得十分開懷。

第二天，嚴道照例到成龍爲董氏基金會拍攝公益廣告的片場探班。唯一不同的是，這一次，嚴道主動問工作人員：「你們會不會幫我和成龍拍照？」工作人員表示：「一定會啦！」嚴道還三叮四囑：「一定要幫我整理成一套哦，家庭聚會時，我要展示給女兒、孫女看。」

有趣的是，爲了怕太太說他「崇拜偶像」，嚴道還叫工作人員一切都要「暗中進行」，可別讓嚴媽媽知道了。

誓言反菸，廣結善緣

除了廣泛結交國內的朋友，嚴道也經常出席世界性的禁菸健康大會，義正詞嚴譴責產菸大國「輸出死亡」的不義行徑。所以不單是台灣，只要是聆聽過嚴道發表高見的國際友人，都對嚴道和董氏基金會印象深刻。

於韓國召開第二屆亞太拒菸協會(APACT)會議。前排一是時任衛生署副署長石曜堂，後排右四是嚴道博士。1991年。

民國七十八年，嚴道本人扮演推手，集合了亞洲各國反菸運動領袖，以及美國麻州菸害防制室主任康諾利，在台北成立第一個由中華民國發起的「亞太地區國家拒菸協會——APACT組織」，共同抵禦世界菸草商與美國菸商的龐大勢力，嚴道並被亞太拒菸協會尊稱爲「永久榮譽主席」。

「台灣在國際上的聲音太微弱了，唯有集合各國的力量，共同發出反菸、拒菸的聲音，才能讓美國人聽見我們的心聲。」嚴道爲了推動成立APACT，特別自掏腰包二百多萬台幣，邀請各國反菸人士齊聚台北，舉辦大型會議，終於順利成軍。

CHAPTER 5

得道者多助

當時，基金會內的同仁，都不懂嚴道爲什麼要花這麼多錢，請來這麼多人，辦這場研討會，甚至抱怨他：「當『凱子王』花錢買外交也就罷了，還不花在刀口上」。但嚴道深知：台灣沒有辦法單獨走上國際舞台發言，唯有結合其他國家組成立場一致的拒菸團體，講出來的話才有力量，媒體也才會投以注目及重視的眼光。

後來證實嚴道的眼光是正確的，許多困難度頗高的議題及議案，都因ＡＰＡＣＴ的共同決議，產生不容各國忽視的力量。世界衛生組織（ＷＨＯ），隨後也將菸害防制列爲三大重點工作之一，ＡＰＡＣＴ中重要的拒菸領袖朱帝斯．馬凱，更成爲世界衛生組織西太平

1999年於台北舉辦APACT十週年慶暨菸害防制研討會，來自25個國家代表於會後合影。

APACT(亞太地區拒菸協會)十週年，以榮譽主席身分致詞。1999年。

洋地區菸害防制最高階成員之一。

民國八十年，董氏基金會更發動十萬國人連署「抗議美國輸出癌症和死亡」簽名書，透過ＡＰＡＣＴ發言，使台灣人民對抗菸害的決心正式地躍上國際舞台。

民國八十一年，董氏基金會更與ＡＰＡＣＴ共同連署，在美華盛頓郵報、紐約時報等大型媒體上，連續三天大幅刊登：「勿讓友誼『菸』消雲散」的廣告，使美方政府終於放棄以三〇一法案，強制要脅我國開放對於菸品廣告的促銷門檻。

同年，嚴道出席在阿根廷召開「第八屆吸菸或健康大會」，大會發現嚴道是ＡＰＡＣＴ的主席，依規定要懸掛主席國的國旗，所以引來中共代表的抗議，揚言要「退出」該會。但在嚴道智慧的安排下，及日本、菲律賓、美國等友邦國家的支援發言聲中，直到最後美國前總統卡特演講結束前，會議都能順利進行，而中共代表的退出事件也未能引起軒然大波。

等嚴道返國後，外交部獲悉嚴道的睿智與愛國情操，特來函表示讚揚，並誠意補助董氏基金會兩張經濟艙機票。

成功跨國聲援泰國

APACT成立不久，立即接到泰國的求助。嚴道評估當時的情勢，知道這是緣於歐美國家拒菸風潮熾烈，所以美國菸商便轉向亞洲國家傾銷菸品。而泰國就是繼日本、韓國、台灣之後的受害國之一，因此嚴道心中非常憤怒。

第三屆亞太地區吸菸或健康大會於日本召開，圖右是朱帝斯．馬凱。1993年。

「在雷根及布希的時代，美國動不動就用三〇一法案逼迫各國開放菸品進口，所以在阿根廷那次會議中，我成功聯合各國連署抗議書，抗議美國如此不講理的惡霸行爲，效果十分理想。」

那次在阿根廷，嚴道出錢自辦晚宴，盛邀各國拒菸領袖參與以連絡感情，會後還分別送一籃水果給各國代表，籲請各國伸出援手，聯合抗議美國藉三〇一法案傾銷菸品的手法。結果，包括美國自己及英國等經濟大國的拒菸團體，皆同意連署，支持台灣的抗議行動。

「美國採各個擊破方式，先對付日本、韓國，接著對付台灣，之後又打泰

頒授嚴道博士「泰王最高三等司令勳章」典禮
The Conferment Ceremony of the Royal Decoration
The Commander of the Most Admirable Order of the Direkgunabhorn
On
Dr. David D. Yen, Chairman of John Tung Foundation

獲泰皇頒贈「泰王最高三等司令勳章」，前排右起Dr. Hatai、祝立朋先生、宋楚瑜主席、嚴道博士、李紹鴻主席、李明亮署長，後排右起俞翊鵬先生、葉金川執行長、王飛大使。2000年。

泰王最高三等司令勳章。2000年。

國的主意，好在我已累積豐富經驗，所以後來泰國到APACT申訴時，我不但協助他們到美國出席聽證會，並以APACT主席的身分，派代表前往蒞會，並親自錄了一捲演講錄音帶，在美國國會的公聽會上播放，向美方抗議，結果成功讓泰國不致因恐遭三○一法案的懲罰，被迫開放菸品市場及菸品廣告。」

爲了協助泰國對抗美國經濟制裁的壓力，嚴道以台灣經驗聯合香港的朱帝斯．馬凱、美國麻州菸害防制室主任康諾利等世界知名的拒菸領袖，幫助泰國與美方周旋。雖然後來GATT仍裁定泰國必須開放菸品市場，可是泰國政府卻保有對於菸品廣告的控管權，情況比台灣有利許多，所以泰國政府在日後WHO（世界衛生組織）於澳大利亞開會時，特別贈送了一個榮譽獎項給嚴道，感謝他無私的付出。

在一九九七年間，泰國原本還要頒授另一個象徵至高敬意的「泰王最高三等司令勳章」給嚴道，並在日內瓦公開舉行頒獎大會，不過由於政治因素，嚴道無法親自出席領獎。二〇〇〇年十二月四日，泰王生日前夕，由泰國駐台辦事處所舉辦的盛大慶祝酒會上，駐台辦事處代表祝立朋，才將此一遲來的「泰王最高三等司令勳章」獎項正式地頒贈予嚴道博士，感謝其多年來對泰國拒菸運動無私的協助。

關切對岸中國菸民

嚴道亦非常關心大陸同胞，「世界衛生組織已有數據證明：各國吸菸致癌的人數，首推中國大陸。」嚴道分析，中國大陸的民眾吸菸必吸到根部，所以吸入體內的尼古丁含量極高；再者，中國大陸陪同吸菸的人也多，不但你一根，我一根，而且還因同處一室，吸進許多二手菸。

最令人憂心的是，中國大陸的傳播媒體不但不宣導禁菸、拒菸的觀念，反而以變相的廣告手法，帶頭宣傳「歡迎加入萬×路的世界」，因而更令嚴道大表反感。

「禁菸，不能完全靠政府。」嚴道認為，八十%的禁菸力量，應該來自民間，台灣不允許任何形式的洋菸廣告，法律也不允許未成年者買菸，這些都是民間力量推動所致。

CHAPTER 5

得道者多助

嚴道很期望有一天，海峽兩岸的禁菸團體或人士，可以攜手一起推動拒菸、反毒的工作，以爲全中國人民的健康福祉盡一份心力。

CHAPTER 6

健康觀念全面扎根

推廣公益，多管齊下

爲了全心推動公益活動，嚴道從六十多歲起，由工作崗位退休，將所經營的企業交由專人管理，把全部精神投注於董氏基金會，而且十餘年如一日，除了生病療養外，每天準時上下班，精神矍鑠地處理會務。

走過世界多國，嚴道觀察到一個現象：當社會進步、經濟富裕後，菸、毒、酒的誘惑也同時增加了。另一方面，歐美的飲食文化、速食業大舉攻佔台灣，垃圾食物充斥市面，造成許多小胖子、小胖妹，也是危及國民健康的一項指標。

「當時，我是以日本的國民健康標準爲比較基準，做爲追求的目標。」嚴道記得小時候稱日本人爲「矮子」，但如今，日本年輕人的身高卻已高過了我國的年輕人。嚴道認爲，其中的差別就在於國人的營養觀念有待調整。

此外，嚴道亦發現，社會變遷，家庭結構改變，使人們很容易在遇到壓力或情緒起伏時，會因無法排解內在的困惑，而陷入谷底。所以想要過著身心健康的生活，可說是比過去更具挑戰。因此在嚴道的規劃下，董氏基金會創辦了小領袖培養營，及兒童減重班等課程，希望藉由教育宣導的方式，讓小孩知道什麼叫緊張？如何抵抗緊張？什麼是正確的作法？懂得自己去辨別，什麼是能做與不能做的事。

在嚴道的藍圖中，董氏基金會以「增進國民身心健康」爲基準，朝向三大議題努力：一、環境保護（包括：菸害防制、戒菸、拒毒、節酒等呼籲）；二、營養與衛生（避免過多速食、垃圾食品，教導營養知識及常識，讓國民吃出健康）；三、心理衛生（情緒教育、避免憂鬱、明辨是非，培養身心健全的未來領袖）。

「我希望這三大教育目標，就像打預防針般，讓孩子從小就懂得明辨是非，明白自己是誰？該負起什麼責任？該如何讓自己身強體健、身心健康？並以身爲中華民國國民爲榮，建立應有的責任感和榮譽心。」嚴道爲了做好扎根工作，讓小孩盡早學習自律、自愛、自信的人生觀，這輩子絕不要碰菸、毒或養成不良的飲食習慣，所以愼始地從基礎開始，要小朋友們從小就懂得獨立思考、適應壓力與情緒處理。

營養列車正式啟動

基於一份尊重專業的態度，嚴道對於董氏基金會食品營養組提出的各項方案，總是全力支持。

「食品營養組的許多活動，是學校老師幫忙想出來的。」嚴道不敢居功，也深深感謝這些義工老師，像是台大的黃伯超、孫璐西、蕭寧馨，師大的林薇，北醫的謝明哲、張仙平……等許許多多的老師，想出那麼多具體可行的好點子，協助董氏基金會推廣各種促進健康的營養觀念。

最難得的是，嚴道凡事以身作則，不願僅是「爲宣傳而宣傳」，所以只要基金會呼籲什麼觀念，嚴道一定身體力行，帶頭做到。

民國七十五年，董氏基金會鑑於「肥胖是健康潛在殺手」的理念，計畫邀請台大黃伯超教授擔任指導教授，舉辦國內破天荒的「減肥比賽」。嚴道和黃教授一席談話，發現自己逼近七十四公斤的體重，超過標準體重甚多，立刻率先接受體重控制。

「黃教授說以我的年齡，不宜過度減重，才不會抵抗力減弱。他建議我減四至五公斤就可以了，所以我就以六八．五公斤爲目標，下定決心減肥。」

一輩子沒減過肥的嚴道，平日很少吃蔬菜、水果、纖維，反倒很喜歡豬腳、蹄膀及花生、餅乾、糖果等肉類與甜食，所以要他一下子改變飲食習慣，全部都忌口，實在是很痛苦。

嚴道坦承，自己臥房裡的床頭櫃上，放滿了一排排的糖果罐、餅乾盒，每當他在監看三家電視公司（當時有線電視尚未開放），是否依約定播放董氏基金會提供的公益廣告時，眼睛目不轉睛地盯著三台電視，手裡也忙著將豬肉乾、花生米送入口中，覺得人生好不愜意。

後來在有線電視開放後，嚴道更樂了！因爲喜歡看體育節目的他，更是一心數用，不只忙著盯看電視轉播的各種體育賽事，手、口也合作無間地大量消耗家中的美味食品點心，體重也跟著直直往上飆升。

爲了達成減重目標，嚴道將零食帶至辦公室，分享給員工們吃，然後調整心態，改變飲食內容，少油、少糖、少鹽，外加適量的運動，結果一舉成功，一個月內就減了四公斤。有趣的是，將餅乾、糖果分享給辦公室同仁的習慣，也從那時開始流傳了下來。

「如今，我還是喜歡吃餅乾、零食，不過因爲懂得控制，每次只吃一兩顆，肉片只

嚴道博士永遠有發不完的糖果，就像永遠有做不完的公益善事。2000年。

吃一小片，絕不過量，所以體重一直保持得很好。」嚴道從那時到現在，體重始終維持在六十八公斤上下。

「看到我沒事就去補貨買零食，太太多多少少會唸我，可是我有節制嘛，吃一點有什麼關係？」嚴道說著說著，立刻現場表演，拿起小剪刀剪下兩、三小片豬肉乾，坦蕩蕩地聲明「就這麼多，絕不過量！」

帶動全面減重風潮

由基金會帶領的減重風潮，頭一次在國內辦的減重比賽，就引起了國人「瘋狂」的回響，總計兩天內共有六百人來電報名，讓基金會的電話癱瘓了近一個星期。

後來經過篩選，最後由一百二十人獲選進入比賽行列，與自己的意志力做最艱苦的拔河激戰，而最終勝出的冠軍得主，還獲頒優勝獎品——電視機一台。

這項活動，從報名、比賽、到最後頒獎表揚的過程，都受到媒體史無前例的關注，因此也順利地把營養健康的觀念傳達出去。而日後，類似的活動，基金會共舉辦了二十期，每一期都讓民眾引頸企盼，熱烈參與，且減重的成果也都頗具成效。自七十七年起，基金會亦開始舉辦親子減肥系列活動，希望讓體重控制的觀念向下扎根。

董氏基金會食品營養組主任許惠玉說：「愈到後期，民眾愈能理解肥胖的壞處，民間的減肥瘦身業者，更如雨後春筍般設立。」不過許惠玉強調，董氏基金會希望給民眾正確的飲食概念，而不是「瘦，還要更瘦。」所以民國七十八年起，董氏基金會也舉辦「營養增重班」，並公布「胖瘦面面觀」問卷調查結果，更於民國八十八年，深入查訪減肥業者的十大伎倆，呼籲國人「要瘦，但不要受騙」。

「我當初實在沒有想到，才經過短短幾年，減肥就成了『全民運動』。」相較於一路坎坷推廣拒菸觀念，嚴道覺得「肥胖有礙健康」等營養觀念的宣導，成果令人欣慰。「但話說回來，減肥絕不能過猶不及。明明已經很瘦了，還要想盡辦法，花一大筆錢，採用傷害身體的方法讓自己更瘦，可就錯得離譜了。」

看到許多年輕的少男少女，因爲怕胖而採行不健康的減肥法，嚴道好心痛，覺得正確營養觀念的建立，仍有一條十分漫長的路要走。所以在民國八十年，董氏基金會又推出「飲食紅黃綠燈」教材，教導家長及學童，如何選擇對人體有益的好食物。

嚴道坦承，自己也是在這時，才明白平日常吃的食物中，有許多「紅燈」食物，像是高油、高脂的炸雞、牛排、蛋糕、甜點……，一個月頂多只能吃一兩次，而且數量不能太多。半加工的「黃燈」食物，讓身體產生負擔的情況好一些，所以最好不要太常吃。而看得到食物原貌、且以低油、低糖方式烹煮的食物，如五穀、果蔬、奶蛋、白肉，才是最適合身體攝取的食物。

嚴道記得，當時辦的各項活動中，最讓小朋友印象深刻的，就是「火燒洋芋片」的實驗。當小小一片洋芋片，居然用火一點就著時，小朋友無不牢牢記住：「洋芋片的油脂熱量比高達六〇～七〇％，油到可以當火種。」因此日後吃洋芋片時，都會自

扮演廚師宣導「多吃蔬菜」的好處。1999年。

動自發地有所節制。

因爲對正確飲食觀念的養成，許多民眾對送入口的食物開始有所警覺，也使市面上洋芋片的銷售量開始停滯不前，甚至逐年下滑的趨勢。「最近報紙上報導，我的好友陳飛龍的食品工廠已經研製推出一種烤米片，大大降低了沒必要的熱量。」嚴道認爲，這或可視爲基金會努力多年後，食品業者正向的回應。

體內環保，多喝開水

民國八十一年，食品營養組也開始注意到學童嗜喝含糖飲料的情形愈來愈嚴重，很多小朋友，連一口白開水也不喝，父母受電視廣告的影響，也習慣以可樂、汽水來獎勵孩子。

民國八十二至八十三年，董氏基金會大力宣導「體內環保，多喝白開水」的觀念，並進行「台北市國中學生飲料選擇之現況調查」，呼籲成人正視含糖飲料造成身體過多負擔的事實。

在此之前，台灣含糖飲料的銷售額，每年都呈兩位數字的成長。以民國七十八年爲例，含糖飲料的市售額高達二百五十億元。此後五年，含糖飲料營業額不斷成長，至民國八十三年，已暴增至一年四百億元，等於平均一年要喝掉兩條高速公路之多。

所幸在董氏基金會全力推動下，含糖飲料市場的漲勢就此打住，多年來維持在同樣的市場規模中；相對地，礦泉水的市場則成長了十六倍，一〇〇%純果汁更成長了六十四倍之多。換句話說，雖然國民喝進身體的飲料逐年增加，但內容已全然改變，對身體而言，更是「少了負擔，多了健康」。

「其實，含糖飲料並不是完全不能吃，可是在廣告大力促銷下，大人多少還有辨識能力，但小朋友可能無法克制欲望，多半會掏出零用錢來買。」

嚴道坦言，過去自己也很喜歡喝含糖飲料，後來明白含糖飲料多喝無益，尤其孩子喝多了，不僅會增加終生肥胖的機率，更可慮的是，長久下來，孩子可能因此而影響進食胃口，造成營養不良、發育緩慢、抵抗力下降、體弱多病、骨質疏鬆……等等病症，壞處簡直數不完。所以嚴道不但自己改喝白開水，也大力推動減少兒童飲用含糖飲料的習慣。

爲了增加孩子的判斷能力，同時改變環境，幫助孩子抵抗誘惑，民國八十四至八十五年，基金會先進行「學校合作社及自動販賣機販賣飲料現況」調查，接著雙管齊下，一方面推動政策立法，希望各國中國小校內的消費合作社、自動販賣機，不得販售含糖飲料及不健康的食品；另方面也希望大力提倡「多喝白開水」運動，呼籲全國人民少喝含糖飲料。

經過兩年的研議，嚴道把「多喝白開水」、「推動校園食品管理」兩個計畫書寫好。先呈送給當時的台北市長陳水扁過目，接著親自去拜訪市長，希望得到他的支持。

會面時，陳水扁市長特別將教育局長、衛生局長找來，指示說：「這本來是市政府應該做的事，我們沒有負起責任好好做，如今嚴先生的基金會做出管理辦法，建議我們市政府辦理……本案今後就委託董氏基金會推動執行，教育局應全力支持。」因此該計畫便在陳市長的大力支持下，得以順利進行。

民國八十五年，「台北市政府教育局所屬各級學校員生消費合作社辦理販售食品作業程序」正式通過，規定校園內只能販賣鮮乳、純果汁和包裝水等三種飲品，含糖飲料必須全面退出台北市各級學校。

從此之後，在台北市具體規範校園食品的強力帶動下，各縣市教育局也逐步取得共識。民國八十九年，當時的行政院院長張俊雄特別指示教育部，著手制定「國民中小學校園食品管理規範草案」，並將在最近通過實施，於全台二十五個縣市的國中小學內，讓含糖飲料成爲歷史名詞。

「當時，我們再三呼籲，不斷辦活動宣導，讓大部分飲料商氣壞了，忍不住打電話來恫嚇，說要發動五輛宣傳車『包圍』董氏基金會。我交代工作人員：沒關係，讓他們來好了！」嚴道認爲呼籲含糖飲料退出校園，是理直氣壯之舉，廠商眞要來抗議，只會引起更大的話題，匯集更多媒體關注的眼神，對董氏基金會的訴求有益無害，所以應大膽應戰。

廠商最後自知理虧，當然也就沒有來尋隙挑釁，也讓原先嚇得不知所措的屬下開了眼界。

一步一腳印，成果得之不易，但董氏基金會食品營養組許惠玉坦言：「我們和飲料商的角力，尚未到達終點。因爲業者隨後又推出加味水，企圖讓人產生錯覺，以爲那是比較健康的飲料，事實上，那同樣還是加了香料的含糖飲料，喝多了一樣會造成身體的負擔。」

董氏基金會計畫持續宣導，讓國民了解「加味水」不等於「冷開水」或「礦泉水」。

「我們不斷呼籲：不要喝含糖飲料！好多小朋友都『恨』我們，可是如果小朋友知道，每喝一杯甜甜的飲料，就胡里胡塗吃進八湯匙的糖，就能明瞭我們的苦心。」嚴道爲了下一代的健康，不惜與飲料廠商繼續纏鬥下去。

均衡飲食，健康久久

民國八十四、八十五年，瘦身、塑身、健身、纖體……等不一而足的名詞，成爲大家琅琅上口的話題，減肥業更像野火燎原般，成爲台灣流行的重要「產業」。但和董氏基金會不同的是，商人眼中看到的「減肥」，無關乎讓國民健康的使命感，而是誘人的利潤，和無可限量的市場潛力。

減肥業者競相以廣告促銷的手法，使不少國民產生錯誤的標準觀念，矯枉過正地誤以爲「瘦，才是美」，因而盲目地投入時間、金錢，使飲食失調，暴食、厭食、拒食症者愈來愈多。甚至還有民眾服用不明來歷的藥物，以求速效達到減肥的目的，完全忘記減肥的宗旨，是藉由均衡飲食及運動，達到身體健康、預防慢性病、養顏美容、延緩老化的目標。

「其實很多減肥的年輕人，根本就不需要再減了。」當時董氏基金會曾進行一項調查，發現有四成國人曾有減肥經驗，但其中，僅有一成五是眞正肥胖者，其餘二成五則是「自認」應該減肥，而非醫學上認爲應該減肥的族群。

爲了導正觀念，從民國八十六年起，董氏基金會更進一步向高難度的任務挑戰——推動國民攝取食物的原則，建議以：每「一」日，吃「兩」份水果，加上「三」份蔬菜爲宜。繼而，又打破飲食迷思，大力宣導「五穀根莖類食物，才是最主要的健康來源」，鼓勵國人多攝取，不必因爲怕胖，所以節食，應由「吃飯配菜」改爲「吃菜配飯」，或「只吃菜，不吃飯」的用餐方式。

「過去，蔬果類的食物，我吃得不太夠，但爲了讓飲食更均衡，同時也做基金會的表率，我還是努力調整。」爲了揮別錯誤的飲食積習，嚴道再度發揮戒菸的決心，深信「江山易改，本性也可移」，以七十幾歲的年齡，成了基金會中的最佳範例。

爲使健康達到最佳狀況，除了消極地預防，更要積極地促進。基金會於八十九年起，推出「全人營養」系列活動，倡導「飲食金字塔」，搭配「均衡飲食五原則」，傳達健康的飲食就是六大類食物按照正確比例、多樣變化和彈性的選擇。爲了達到最大的宣導效果，更結合營養、教育等專家，開發製作全國第一套兒童營養教育教材「健康酷寶包」，並展開一系列全國國小與幼兒園的教師說明會，希望能讓健康、正確的飲食觀念更普及，及早造福孩子的健康。

同年，董氏基金會受教育部委託，承接學童體重控制計畫，分三年時間深入全省二百三十所學校，進行學童的營養教育。由於這項活動採各校自由報名方式進行，所以當公文一到各縣市的學校後，立刻有四百多所學校，爭取董氏基金會前往辦活動，顯示好口碑早已名聞遐邇。

CHAPTER 7

打開心靈之窗

心靈健康，先釋放情緒

民國七十三年，由於台北市螢橋國小學童，遭精神異常男子潑灑硫酸，造成多名學童眼部失明、顏面灼傷，所以在嚴道著手成立董氏基金會時，格外關注心理衛生及心理疾病。加上理事之一的台大精神科宋維村教授，也一再強調，人對生活的調適非常重要，若調適不良將影響社會，因此「心理衛生」一起始便納入了基金會的重點工作項目。

「心理衛生」組的工作，因限於人力，初期將工作重點鎖定在兒童及青少年，並不定期針對特定社會事件舉辦座談會。譬如，當時轟動社會的「警察自殺」、「原住民學生湯英聲因對社會適應不良而殺人」的事件，或「如何做個有品味的大學生」等活動。

直至民國七十九年，董氏基金會心理衛生組才正式全面展開運作。嚴道不否認，他身邊有許多至親好友，因爲不懂得抒發心中的情緒和壓力，長時間極度不快樂，導致後來演變成憂鬱症，甚至還放棄了自己的生命，「九二%的自殺人口，其實是因爲憂鬱症所致。」嚴道發現，大部分對人生毫無眷戀，走上不歸路的人，其實只要及早治療或讓情緒找到出口，根本不會想要放棄自己寶貴的生命。

生性樂觀的嚴道，一生中最難過的事之一，便是董氏基金會的創辦人，同時也是嚴道好友的董之英先生，生前受到躁鬱症所苦。「董先生是一位相當優秀的企業家，但因爲不能排解滿懷的煩惱和憂鬱，到了晚年，經常恍恍惚惚，行事不加思索，一會兒要另組聯合國救中國，一會兒打電話一口氣訂了十輛賓士車，要不就隨興買了機票，飛到另一個國家卻因沒有護照不得入關，不但自己痛苦，更讓家人、朋友擔憂。」

嚴道認爲，「健康」一定要同時包括「身體」和「心理」的健康。

他山之石海外見學

爲了完全實現當初成立基金會時揭示的「促進國民身心健康，預防重於治療」的宗旨。嚴道堅持心理衛生概念，一定要從兒童青少年開始。

所以近十餘年間，陸續舉辦海外見學、小領袖培養營、公益小尖兵、大聲嘶吼等許多膾炙人口的兒童活動。

嚴道說，「海外見學」的原始構想，最早是緣自心理衛生組主任葉雅馨的「一個夢想」，他聽了之後，認同應該讓孩子以更寬闊的視野，客觀看看別人的長處，從而建立終生受用的好習慣，長大後便不必擔心他們會變形走樣。

當時，兒童遊學風氣方興未艾，董氏基金會的「海外見學」，是一種跨國學習活動。讓孩子離開父母無微不至的照顧，學習獨立生活，同時也以人文觀點的自我省思，讓孩子親身比較不同文化之間的差異。

嚴道在幫著想點子的過程，為這項在當時仍屬創舉的海外見學活動，訂出一個主軸：「看看別人，想想自己——將來你能為國家社會做什麼？」希望一批批參加這項活動的國小及國中生，他日能成為推動國家進步的火車頭。

民國七十九年，強調「兒童情緒紓解、增進人際關係」海外見學活動，正式展開。透過嚴道和豐田汽車公司的

「看看別人，想想自己」海外見學，嚴道率隊參觀豐田汽車公司成功的現代企業管理。1990年。

深厚關係，活動安排了參觀日本豐田汽車工廠及會館，並安排日本愛知縣的赤坂小學進行文化交流。

「行程剛開始，介紹日本的歷史背景及古城時，董事長沒有參與，但我們開始跟日本人聯誼的時候，他會專程趕去日本，和我們會合一起行動。」現為彰化舊社國小老師、海外見學活動時擔任值星官的蕭火在說，嚴道總是不厭其煩解說給孩子們聽，希望他們了解日本人做事情的態度及思考模式。例如在參觀TOYOTA公司時，嚴道要小朋友看看豐田公司企業文化中，一個非常精彩的部分——

「看板管理」和「零庫存」。

嚴道解釋，一個工廠要做到零庫存，母公司必須和下游公司非常有默契，才能做到平日不庫存零件，急著要的時候，馬上可以要求子公司把貨趕出來。像是臨時要一千個螺絲，什麼時候要寄過來，都會畫在一個看板上面，而作業員就針對看板上的指示，隨時進行生產線的調配，並從子公司調貨過來。

帶隊的義工老師周昌葉也回憶那時的體驗，「那次見學回來，我們學到最重要的一件事是：個人微不足道，team的力量才是最大的。」

一位目前就讀輔仁大學日語系三年級的大學生黃雅蜜說，「小學四年級時參加見學活動最大的印象是：去了見學活動後，才知道媽媽如此『重要』！」原來在行程中，黃雅蜜弄丟了房間的鑰匙，以往和家人出國時，只要向媽媽求助，問題就解決了。但見學活動中，沒有媽媽在一旁幫忙，黃雅蜜很多事情得自己想辦法解決，同時覺得自己原來可以做這麼多事。

CHAPTER 7

打開心靈之窗

見學，從愛國心出發

嚴道之所以選擇日本爲首次「放眼天下」見學活動的目的地，除了因爲日本和我國文化最相近；另外，第二次世界大戰時，日本雖然有許多地方變成了廢墟，但戰後，它與德國卻是全世界經濟與建設復原最快的國家，所以一定有值得學習的地方。

雖然行前活動，總會詳細說明中日的歷史差異、關係演變等背景，但親眼所見的震撼，卻在小朋友的心靈形成很大的衝擊。

起初許多小朋友發現，家中比較好的電氣用品，幾乎都是Made in Japan，再親眼見證工業化的日本，及日本人的團隊精神、努力認眞、奉公守法、先進的環保措施與對傳統古蹟的維護…

「小紳士小淑女」日本見學，兩國小朋友相見歡，互贈禮物。1993年。

……，當然會讓人覺得沮喪。爲了避免孩子們兩相比較之下，會情不自禁開始欽羨、愛慕起日本，甚至有「移民日本，不再回台灣」的想法，嚴道在旅途中會迫不及待地開講「七七盧溝橋事變」，要小朋友不要忘了日本人帶給中國歷史的屈辱和傷口、提醒此行的目的，以及對國家的使命。

嚴道前後六次帶小朋友去日本，每次一定會有一天「正好碰到」七月七日，而且每次一定會講這一段歷史。

最後，嚴道一定再三提醒小朋友：「金窩、銀窩，都不如自己的狗窩，而且終究我們是中國人，更應該多想想：將來你能爲社會國家做些什麼？而不光是羨慕別人。」通常經過嚴道這麼一番講解後，小朋友都會陷入沉思，並深刻地改變自己某些自私自利的想法。

爲了增加小朋友的自信心，平衡一面倒羨慕日本的情緒，提醒孩子不以身爲中國人而自卑、自慚，嚴道在日本見學回來之後，立刻著手舉辦本土文化古蹟巡旅活動，讓孩子們了解自己的歷史，關懷自己成長的地方，多想想自己國家的前途，肯定台灣邁向富裕的潛力。

行萬里路拓展視野

之後幾年，董氏基金會沿用日本見學模式，舉辦十多次的「海外見學」活動，帶著小朋友前往德國、法國、美國、澳洲、紐西蘭等先進國家，看看別國的公益、環保、科技、教育、交通、社會福利、管理制度等。

其中最特別的是，前往德國及法國的最後一次見學活動。「一般人想到德國，直覺就是：可靠、耐用、一絲不苟、品質第一；一想到法國直覺是：浪漫、高雅、風尚和愉悅，所以我們把兩國放在同一次見學活動中，讓小朋友體會兩國民族性的異同。」葉雅馨說，第二次世界大戰後，戰敗國中的德國和日本，一東一西，不約而同快速恢復，分別成為東西方的先進國家。究竟這兩國有什麼相似、相近、相異的特質呢？藉由見學活動，帶領小朋友進行一趟發現之旅。

每趟見學活動後，董氏基金會一定鼓勵小朋友，藉文章、寫生、攝影等方式，發表所見所聞及心得感想，每位小朋友也都感觸很深地發表自我獨到的見解。「我相信，不光是剛回來時，每位小朋友的心裡充滿了各種想法，相信此後的十年、廿年，這些想法一定會成為他們成長的動力。」嚴道說。

叫好叫座的「海外見學」活動，後來之所以停辦，一方面是社會上相似的活動漸漸多了，再方面是嚴道年歲漸長，身體已無法再承受旅途的顛簸與精神上的壓力。

「他們在國外見學，天天都會打電話回來報平安，雖然如此，我還是擔心。畢竟，家長把孩子交給我們，孩子的安全問題我要負起全責。」

幾經斟酌，嚴道決定將兒童見學活動的重點，轉移以國內環境文化教育爲主，並將小眾群體的教育，用大眾宣導的方式，將心理健康的觀念介紹給民眾。

小領袖vs.大人物

除了放眼天下對外學習，民國八十年間，董氏基金會另一個向下扎根的教育活動——小領袖培養營，則開啓另一個以小團體成長方式，向國內成功人士學習，以朝認識自己、關心社會、尊重他人等做人做事方向的學習領域。

「小領袖培養營」其實是提供孩子一個不同於學校的新團體，讓他們在一群新夥伴的環境中，擁有重新面對自己，再次學習的機會。

在這個新團體的互動中，有些孩子很容易被團體成員所喜歡，不自覺地左右著團體的決定，這些孩子表現出適當的禮貌、願意和人合作、協助別人、喜歡分享，甚至有的還有排解困難的能力，也能清楚表達自己的意見，認眞聆聽別人的心聲。但有些孩子在團體中卻被排斥，他們總是有肢體及語言上的暴力，不喜歡遵守團體規定，調皮搗蛋、離群孤僻、我行我素、不理會別人。

在「小領袖培養營」的活動中，設計了許多可以讓小團體互動的遊戲，使孩子在小團體中去經驗、感受並釐清自己的行爲反應，認識自己的優缺點，接納自己，喜歡自己，也修正不好的行爲習慣，使同儕相處能夠感到愉快。

葉雅馨說，領袖通常具有吸引人、受人喜愛與能關懷他人的特點，這些特點與特質，不會都是天生的，也不可能因爲父母有所期待而自然產生。所以在活動課程中，會安排自尊尊人、禮儀、口才、溝通、合作、壓力紓解、創造力、社會責任等主題的大團體課程，希望透過一連串的學習與經驗，培養小朋友領袖風範，並鼓勵他們在生活中實踐，不只領導別人，也具有能夠被人領導的觀念。

「總而言之，我希望小朋友參加過後，成爲一個心理健康的人，也是團體裡受歡迎的人。」嚴道表示，他希望那些期許自己成為「未來領袖」的小朋友，能從團體生活中了解teamwork的重要性，不是只會發號司令、自以為是。

嚴道還希望為人父母了解，雖然在體能及外型上，的確是「男女有別」——男孩子被教育得比較有領袖欲，但事實上，女孩子的領袖特質，並不亞於男孩子。所以父母不宜主觀認為「小領袖培養營是給男孩子參加的營隊」。

小領袖培養營從推出伊始，就是董氏基金會熱門的活動之一，經常是前一年剛辦完，就有家長急著詢問下一年度的舉辦時間。「這項活動最大的特點之一，就是每一梯隊的活動，一定會安排小朋友親身面對一位台灣社會中的領袖人物！」葉雅馨發現，能親眼目睹平日難得一見的名人，有助於小朋友開闊視野，直接從領袖人物的一言一行，學習到課本學不到的東西。

八十六年第六次活動，規劃拜訪市議會，並與當時的台北市長陳水扁有約。出發前，嚴道再三叮囑小朋友多發言，多觀察一市之長的風範，並想一想可以問市長什麼問題，最後在徵得市長同意後，讓小朋友「試坐」一下市長寶座，想像一下：「假如我是台北市長……」的滋味。

結果陳水扁鼓勵有意當市長、做總統的小朋友，要多認識自己生長的地方，從努力付出中累積自信，並鼓勵小朋友「是什麼，做什麼；做什麼，像什麼。」帶給小朋友許多啓發。

八十七、八十八兩年，「小領袖」們拜訪衛生署長詹啓賢，適逢當時爆發腸病毒大流行，小領袖們非常關心各種傳染病，也請教署長那年夏天能否游泳？最後還氣定神閒地向衛生署長提出多項建言，詹署長除了虛心接受，表示「一定會照辦」外，還開懷地和小領袖們閒話家常，談及吃什麼才能增長ＩＱ，以及自己感覺有壓力時都是如何消壓解憂的。

八十九年第九次活動，小朋友更移師中央研究院，拜訪李遠哲院長。嚴道說，在見到李遠哲之前，小朋友們覺得：李遠哲是諾貝爾獎得主，頭頂上還有大教授、大科學家、大院長等光環，亮得令人不敢直視，但眞正接觸到的時候，除了崇拜之外，小朋友看到李遠哲的靦覥、執著、平實等鮮活的個性，領略了領袖人物和電視鏡頭不同的另一面。

九十年第十次活動，則是安排小朋友拜訪教育部長曾志朗。小朋友在與曾部長聊天接觸的過程，看到他熱愛讀書、追求學問的認眞，也體會他眞誠不虛僞、生活化的另外一面。小領袖們還大膽建言設置「閱讀城堡」，曾部長爽朗地一口答應，表示會著手規劃設於科學教育館內，相對地，曾志朗也鼓勵小朋友「懂得關懷別人才是好學生」。

今年（民國九十一年）則拜訪了將競選連任的台北市長馬英九，在爽朗的互動中談以運動紓解壓力，及減重健身法寶。

基本上，嚴道對於會內所辦的小朋友活動，一向都不缺席，許多活動他一連參加了十年，還是會主動向員工求情：請多給他幾分鐘和小朋友講話的機會。舉例來說，員工安排嚴道在「始業式」說五分鐘話，嚴道一上台，往往千言萬語才起了一個頭，員工就在台下猛打 pass 提醒他「時間到了！」嚴道事後常會意猶未盡地向屬下抱怨：「你們怎麼只給我五分鐘嘛！」嚴道有滿腔的熱情，五分鐘開場白的確稍嫌不足。

這幾年，他和小朋友們見面，表現就更像個爺爺，他會準備許多糖果，讓小朋友們高興地聽爺爺講話，並搶著拿糖果吃。嚴道常說：「基金會裡的活動，就像爲我補充對身體有益的維他命C。」

培養無數公益小尖兵

從民國八十年起，董氏基金會開始舉辦「公益小尖兵」的活動，希望小朋友對生命的價值有正確的想法，從小就培養公益的觀念——服務社會、犧牲奉獻、對人寬容、不斤斤計較。「公益，不是空的口號，而是心底眞正有利他的想法，並在生活中確切實踐。」嚴道說。

嚴道之所以會辦「公益小尖兵」的活動，另有一個源起，是關於教養幼子嚴嘉隆的經驗。

嘉隆十歲那年，嚴道把他從巴西帶回台灣，因爲剛好碰到過年，嘉隆拿到很多長輩給的紅包。不懂得紅包意義的嘉隆，跑去問爸爸「這可以做什麼用？」嚴道並沒有直接告訴他答案，卻跟他說：「我帶你去一個地方。」接著，就帶嘉隆到孤兒院參觀。

嚴嘉隆去到孤兒院，覺得這些沒有父母的孩子很可憐，就問父親：「我可以怎麼樣幫他們？」後來他就想到：「我這些紅包，是不是可以給他們？」嚴道聽後，十分欣慰。從那時開始，直到現在四十八歲，嚴嘉隆每年都固定捐款給社會福利或救助單位。

嚴道當時便想：從隨意的機會教育中，嘉隆就能有所感動，也能體會付出的快樂，類似的模式應可用於培養公益的種子，因此，便要心理衛生組策畫舉辦「公益小尖兵」活動，讓小朋友在關心數碼寶貝、遊戲王、哈姆太郎等漫畫、卡通及遊戲外，也能試著關心文化保存、豪雨成災、乾旱缺水、資源回收、土石流等社會問題。

「我們希望小朋友千萬別說：這是大人的事，我們小孩子能做什麼？」嚴道說，大人、小孩同樣生活在社會中，大家休戚與共、禍福相倚，每一件看起來和自己沒有關係的事，有可能慢慢由遠而近影響我們，甚至威脅我們的幸福！

而「公益小尖兵」的活動，正是要告訴孩子們：關心生活周遭的一事一物，不置身事外，並由關心自己，延伸到能敏銳感受周遭人事物的變化，並願投入自己的力量，去做對自己有益，同時對公眾也有利的事。

爲了改變小朋友的想法，活動中常會玩一種「認識社會」的遊戲。也就是當每次提到「社會」時，就把它換成「我們大家」這四個字，於是當要抱怨這個「社會」太糟了，就說「我們大家」太糟了；要批評這個「社會」太不公平了，就說「我們大家」太不公平了；或說這個「社會」太落伍了，就說「我們大家」太落伍了……漸漸地，小朋友發現，原來我們和社會是一體的，如果「社會」不好，就是「我們大家」不好，那誰還會覺得「那不關我的事」？

「生活中處處可做公益，年紀再小也可以做公益，甚至只要堅持好的行爲，並用行動去影響其他的人，都是在做公益。」嚴道說，小朋友一旦知道「公益」並不是遙不可及的事，通常都很願意隨手做公益。

「懂得付出，才是有福！只要孩子從小養成公益觀念和助人的習慣，不但變成基金會的資產，更是社會中無形的資產。」嚴道的公益扎根理念，讓孩子學會懂得付出的快樂。

為情緒找一個出口

民國八十五年，社會經濟一片蓬勃，很多人尚未意識到可能產生情緒和心理疾病的隱憂，嚴道便已高瞻遠矚，推估隨著社會發展，心理疾病很快便將成爲廿一世紀國民健康最頑強的隱形殺手。

嚴道看到社會富裕之後，一般人感受的壓力有增無減，便大膽推測：廿一世紀，精神疾病將成爲台灣社會的新隱憂。

「最早，我想做自殺防治，覺得這是直接救人一命的工作。但一方面，有此需求的人群較少，再者，這種工作涉及非常專業的身心醫療，做起來並不是那麼容易，所以基金會先從情緒教育著手。」

民國八十六年，董氏基金會大規模針對台北縣市國中及國小高年級學童，進行「兒童青少年情緒現況調查」，希望深入了解這一代青少年的身心壓力狀況，結果發現有三分之一的兒童青少年是不快樂的，對情緒的處理、生氣時的行爲反應，都偏向「不表達」或「採取負面的表達」方式。

民國八十七年，更進行了「怒氣與健康問卷調查」，發現國人平均七人就有一人每天都生氣，尤其是家庭主婦。而最常發怒的對象是親人，所以呼籲國人了解自己情緒流動的方式及找到適當的情緒宣洩管道。

民國八十八年接續著情緒紓解的宣導主題喜、怒、哀、懼，進行到「哀」的處理題目時，即針對被預測爲和癌症、愛滋病並列廿一世紀三大死亡性疾病之一的憂鬱症，預先將認識憂鬱症、正視憂鬱症與預防憂鬱症等實質的問題，清楚、不隱晦地攤在陽光之下，讓民眾自己檢視憂鬱症的原貌。

那年，基金會進行高達三千多個樣本，年齡層橫跨成人及國高中職的「憂鬱與憂鬱症」現況調查，並於「鬱卒！鬱族？」記者會中公布調查結果，並隨之舉辦「別讓憂鬱在生活中發酵」座談會，及讓「藍天滿溢陽光」全省巡迴講座，並在電視媒體上大量播映憂鬱症宣導短片，呼籲國人正視憂鬱症。

「從八十八年的調查結果顯示，社會中有五成三的民眾，及近八成四的青年學子，曾感到鬱卒。甚至有一成五的學生，因爲課業壓力沉重，坦言『天天不快樂』！」嚴道看到有這麼高比例的人感到鬱卒，且有三成的鬱卒者找不到人傾訴，除了鼓勵心情鬱卒者勇敢向外求援，尋求專業醫事人員的協助外，更鼓勵大家在生活中找到安頓身心的力量。

「我自己很早就找到快樂的來源——公益服務，而且愈服務愈快樂，但畢竟每個人個性不同，生活環境不同，得到快樂的方法也不同。青少年的人生剛起步，我們更要提醒他們，別被突如其來的情緒壓垮了。」

配合這項調查，董氏基金會更進一步舉辦深具前瞻性的「情緒 Happy 營」，幫助小朋友分享情緒、抒發壓力。之後並一系列接著舉辦「兒童戲劇表演營——讓情緒定位」、「兒童減壓列車」、「童年也可以很文學」、「鏗鏘說相聲」、「情緒戲劇營」……，藉由參觀三峽老街、親近陽明山、畫漫畫、淡水尋寶、鶯歌捏陶、說相聲、寫文章……等活動，傳遞心理健康的概念，教小朋友認識並關心「情緒」，同時學習覺察及管理自己的情緒。

嚴道承認，以前他曾認爲：「發脾氣是不好的事。」所以當遇到某些事情或狀況，不自覺地把聲音提高的時候，屬下若問他：「董事長，你在生氣嗎？」他會立刻改變語調，以另一種方式和屬下互動，否認自己在生氣。但後來有一年，董氏基金會把活動主題訂爲：釋放情緒中的「怒」意；也就是讓小朋友學習用適當的方式及管道，把怒氣發洩出來。嚴道也在此一活動當中，了解到拚命壓抑怒意，忍到最後，情緒可能失控，結果反而會亂發脾氣，波及無辜，便學著去修正自己對怒氣表現的看法，不再否定怒意的正面意義。

現在，嚴道不再忌諱別人說他「發大脾氣」，他會說：「是，我是在生氣。」嚴道明白，其實「生氣」這件事，本身沒有什麼不好，但千萬不能氣過頭，傷了身體，那就失去生氣的正面意義了。

董氏基金會心理衛生組主任葉雅馨也發現，「當這類活動在找代言人時，幾乎沒有一個人願意承認自己會生氣，經過我們的說明，漸漸地大家才覺得：適當的生氣是必要的，它也是爭取自我權利的方式之一。」

訂定憂鬱症篩檢日

嚴道深知，受到憂鬱症困擾的人，對人生之路很容易喪失信心，偏偏憂鬱症「來無影，去無蹤」，什麼人都有機會罹患，所以希望每位國民都能對「憂鬱症」有個基礎的認識，才能在必要的時候，幫助自己或身邊有需要的人。

「我有一位朋友，曾任大學教授，退休後生活頓失重心，心靈空虛，意志消沉，人生觀也變得很消極，原本體重在一百公斤左右，因爲極度憂鬱煩惱，吃也吃不下，一下子瘦到七十幾公斤。」嚴道獲悉後和教授朋友聊一聊，告訴他人生還可以有很多夢想和希望，結果教授的心結一打開，不但體重漸漸回升，整個人的氣色也好多了。

「欲望太高，必然產生煩惱和憂愁，減少欲望，自然煩惱也少了許多。」嚴道認爲，人如果無法降低欲望，至少應該懂得一件事：現代人，需要珍惜現在，而不是追求更好的明天。「現在好了，明天自然會好，所以當下活得快樂是非常重要的事。」

民國八十九年，董氏基金會進行「憂鬱症患者的家庭生活狀況」調查、「人際關係與憂鬱傾向之相關性」調查，講座、攝影、海報、漫畫、徵文等比賽外，短期內爲讓民眾對「憂鬱症」一詞，有深入的了解和認知。

並於八十九年發起一個全民運動，訂定了每年十月的第二個星期六，爲「憂鬱症篩檢日」，結合各地方醫療院所及7-ELEVEN便利商店，呼籲社會大眾定期對自己的情緒進行自我檢視，提醒大家對憂鬱症有更多的了解，並關心周遭親人是否正遭逢憂鬱症之苦。

聯合孫翠鳳對抗憂鬱症

董氏基金會不論推廣拒菸、戒菸、減重、憤怒……，從來不擔心找不到影視偶像現身說法擔任代言人，但在憂鬱症宣導片上，卻因絕大多數偶像怯步，遭逢前所未有的阻力。

「其實這也難怪，以當時的社會情況來看，平常人得到憂鬱症都不是一件光彩的事，更何況是形象亮麗的演藝人員？甚至有人將憂鬱症和精神病畫上等號，要這些偶像站出來，承認自己曾是憂鬱症患者，難免有所顧忌。」嚴道說。

此時，正好報紙報導明華園歌仔戲團團長陳勝福的夫人孫翠鳳，曾經罹患憂鬱症，葉雅馨立刻把腦筋動到孫翠鳳的頭上，陳勝福、孫翠鳳也爽快答應。可是屢屢接觸洽談拍片事宜，孫翠鳳總是十分忙碌，一延再延。

「我們想，孫小姐雖然答應得很爽快，可能心裡還是有些遲疑。」葉雅馨於是請出董氏基金會終身義工孫越幫忙當說客。

孫越說，公眾人物能站出來，不單是對自己的挑戰，也將是別人的榜樣，不但可

至「正視憂鬱症」短片拍攝現場探班。圖中孫翠鳳，圖右陳勝福。2001年。

行政院衛生署．董氏基金會
請你正視憂鬱症
明華園團長 陳勝福
明華園 孫翠鳳
家人的支持與專業醫生的治療 憂鬱症其實治得好
癌症、愛滋病與憂鬱症，並列世紀三大疾病；一生中，男性有10%，女性有
20%的機率罹患憂鬱症。目前，全球約兩億人罹病。事實上，只要及早接受專
財團法人董氏基金會
JOHN TUNG FOUNDATION
台北市105松山區復興北路57
電話：(02)2776-6133 傳真：
E-mail：mhjtf@jtf.org.tw

以讓別人對憂鬱症看法不同，也能鼓勵患者勇於面對自己的疾病。這段頗具說服力的話，終於讓孫翠鳳下定決心，也完成宣導短片的拍攝工作。

孫翠鳳還向《大家健康》雜誌，分享自己患病及就醫的過程。當身體不舒服，四處檢查卻「無異常」時，她先是懷疑心臟的老毛病又犯了，接著又擔心自己會死掉，急著交代「後事」，囑咐先生要完成歌仔戲薪傳及興建學校的心願。

有一天凌晨，孫翠鳳在一夜未睡，身心、知覺都分離的狀態下，亢奮不止的腦子，硬拖著疲憊的身軀，在清晨五點鐘「逃」到住家對面的學校走一走。幸運地，正好和一位罹癌的老校長聊起種種症狀，老校長建議她去找精神科醫生看一看。對精神科沒有偏見的孫翠鳳，回家立刻請先生帶她到精神科就診。

後來孫翠鳳才知道，身體的種種症狀，根本就是憂鬱症所致，只要配合醫生按時用藥，再加上早睡早起、作息正常、固定運動，病情很快就有了改善。「過去我求好心切，也很容易壓抑自己，但現在，我只求做好一半的事，也可以流暢地表達喜、怒、哀、樂的情緒。」孫翠鳳在這兩支公益短片中，描述「在舞台上，我演過人生百態，就是沒有演過『憂鬱症』這樣挑戰的角色，後來靠著先生的支持，還有專業醫師的治療，讓我走出憂鬱症的陰影，所以我才能夠以一個過來人的身分，讓大家知道憂鬱症治得好，『請正視憂鬱症』。

「片子開拍時，董事長不畏辛勞前往探班，氣喘吁吁地爬了許多層樓梯，才到達片場休息室，只爲幫孫翠鳳加油打氣，讓她好感動。」葉雅馨說，憂鬱症能在短時間內爲社會大眾所接納，而且使憂鬱症患者就診數暴增，孫翠鳳拍攝的這兩支「獨白篇」、「舞台篇」的廣告，確實發揮了很大的效益。

和朱英龍結為盟友

其實，董氏基金會能無後顧之憂地推動憂鬱症的社會教育工作，還有一位幕後功臣，那就是嘉隆實業的朱英龍董事長。

談起這段過程，嚴道覺得冥冥之中如有神助。原來四年多前，朱英龍前來拜訪嚴道，兩人僅談了半小時，便感慨地相對而泣。「我們兩人都有至親因爲憂鬱症而輕生，所以一談起往事，眞是不勝唏噓。」

朱英龍的夫人聰慧、善良，大學聯考曾是榜首，婚後專心養育四個孩子，使孩子們個個體貼孝順、傑出優秀，整個家庭也洋溢著和樂的氣氛，十分令人羨慕。但也因此，朱夫人對自我的要求是「必須百分之百的完美」，爲了一些暫時無法解決的事，她會自責不已、情緒低落。

朱英龍曾一再試著和太太溝通，但效果不大。有一回，爲了孩子學業上的小問題，朱夫人又開始自責，朱英龍陪太太看醫生、拿藥，連精神科醫生也不甚清楚的國外憂鬱症新藥，朱英龍也想盡辦法試著透過各種管道，希望能引進來給太太治病。

一個月後，朱夫人的憂鬱症在不知不覺中好了，她逐漸恢復往日的生活，正常起居、爬山、出國。但隔了一陣子，情緒低潮的情況又毫無預警地出現，從此之後，一次發作得比一次密集，且恢復的時間也一次比一次延長，不安的徵狀也一次比一次嚴重。

在這段長達八年的過程中，朱英龍全心陪伴太太，給予太太情緒上無比的包容；萬一他無法親自陪在妻子身邊，也會請人寸步不離地守著她。而四個在美國的兒子，也天天打電話回來噓寒問暖，甚至在媽媽發病時，輪流請假回來照顧。

沒想到一九九八年十一月，朱夫人第十次發病住院的兩個月期間，朱英龍本身也身體不適住院。此一事件令朱夫人更加自責拖累親人，也驚恐於身邊的巨人竟然也有倒下的一天，於是就在看似恢復的某一天早晨，離開醫院前往參加朋友聚會的途中，臨時改變主意回家更衣，並趁朱先生不注意之際自家中一躍而下。

朱英龍董事長在夫人過世後，想對憂鬱症患者及其家屬盡點心力，在四處拜訪醫生、醫療團體、相關協會的過程中，終於在師大的吳就君教授推薦下，來到董氏基金會，請嚴道助其完成心願。

最讓嚴道與朱英龍高興的是，他們兩人英雄所見略同，都希望從憂鬱症的宣導著手，期望由教育民眾認識這個疾病，進而提醒憂鬱症患者接受適當的治療。於是兩人立刻著手邀集專家、醫生、社會工作者，組成心理健康諮詢委員，每月開會一次，訂定執行工作的內容。在朱英龍大力的贊助下，董氏基金會才能順利、持續地推動憂鬱症的宣導。

CHAPTER 8

公益暖人間

大力推動器官捐贈

以一般民眾對董氏基金會的既定印象來看，「拒菸團體」這樣的代名詞，很清晰地彰顯了董氏基金會在推廣拒菸議題上的深刻著力。但事實上，身爲一個對社會擁有強烈使命感、對全民深具關懷的公益團體，多年來，基金會對國人的貢獻，並不僅僅侷限於此。而在嚴道的心中，他所信奉的社會公益價值，亦即是結合了「社會責任」與「利他觀念」，以「仁者之心」的角度去看事，以「智者之行」的方式去實踐眾人的理想。

譬如，在一九九一年，因著孫越的建言爲了倡導國人擁有正確的器官捐贈觀念，嚴道寧可背負眾人異樣的眼光，承受所謂離經叛道的罪名，也不肯輕言放棄繼續推展這項對瀕死病患有著極大幫助的理念。

為廣宣器官捐贈，由陳淑麗帶隊參加「百戰百勝」節目。1997年。

「器官移植手術，將帶給許多病患無窮的希望，讓他們不致含恨以終！」熱愛生命的嚴道，眼見國外不斷慷慨捐贈國人眼角膜、腎臟、骨髓……，他覺得國人應該也建立這樣開闊的生命觀，徹底發揮「同胞愛」的博愛精神。

爲了破除社會大眾對器官捐贈的迷思，嚴道懇切、謙卑地一一拜訪了國內七大宗教界領袖，希望藉由宗教勸人行善的力量，帶動國人器官捐贈的風氣。

果然，嚴道「同理心」的想法很快便獲得了所有宗教領袖的認同。在星雲法師、證嚴法師、基督教台灣地區大主教及一貫道理事長的見證下，嚴道率先簽下器官捐贈卡，以身作則地鼓勵國人慈悲喜捨，不必執著於身後的臭皮囊。

尊重生命，樂在服務

誠如董氏基金會董事長辦公室裡，那幅蒼勁有力的直幅：「尊重生命」，嚴道一生行事做人，即是以此爲前提、信守不移的初衷。不論在別人眼中，或在自己心底，他始終保持一顆永不停歇、爲人服務的心。儘管菸害防制法已於民國八十六年立法通過，但對於以追求「無菸的世界」爲最終目標的嚴道而言，卻認爲這是一場尚未完成的光榮戰役！

嚴道說，徒法不足以自行，如何落實法案，讓「吸菸有害健康」的觀念成爲國民健康守則，同時大家一起來「管閒事」，勇於檢舉在公共場所抽菸的人，是未來最重要的全民運動。尤其國際菸草商已發表一份「宣言」，將在若干年後，讓全世界的吸菸人口成長十七%，並計畫以婦女、青少年和落後地區人民爲主要開拓的市場，因此這更是基金會日後必要嚴加防範的重點工作。

嚴道憂心地表示，在台灣通過菸害防制法的同時，美國各種菸害問題已相繼出現，形成了一股嚴厲譴責菸品與要求菸商賠償的洪流。因此未來美國菸商爲了生存，必將無所不用其極地拓展國外市場，來彌補在國內所招致的損失。「菸商與消費者的和解或許在美國已落幕，但對全世界的人而言，這場菸害浩劫卻方興未艾……也許，不久的將來，新的鴉片戰爭又要重新上演了！」

嚴道念茲在茲，覺得不能片刻放鬆菸害防制的腳步，才能避免菸商無孔不入的滲透。

用心體會生命的真諦

民國八十五年四月初，嚴道本想回老家掃墓，但因上海的六弟來信表示，當地公路嚴重塞車，建議嚴道不妨緩一緩再返鄉，於是嚴道便利用這段空檔的時間，約夫人一同去台大醫院做了一次健康檢查。沒想到，在這次例行的檢查中，竟發現前列腺PSA（血清攝護腺特異抗原）指數高達三百多，超出正常人0～4指數的百餘倍，因此醫生研判，嚴道應是患了急性的前列腺癌。

嚴道獲悉後，要求醫生據實說明，他的病況究竟到了何種程度？以做爲他安排後續工作的依據。醫生坦白告訴嚴道：「若據檢驗報告來看，這已屬前列腺癌末期了。但究竟病況發展如何，仍要等切片報告出來後，才能得到進一步的說明。」

經過一系列磨人的檢查，醫生證實癌細胞奇蹟似地尚未轉移，仍屬癌症第三期，但整個腫瘤已飽和如荔枝表面般，每一秒鐘，癌細胞都有可能由尖端移轉出去。

嚴道接受醫生的醫療建議，首先施打了女性荷爾蒙，以切斷癌細胞的營養供給，促使癌細胞萎縮，接著再進行第二階段的治療。

慎選主治醫生的嚴道，並未像一般人一樣，迷信所謂的名醫或權威專家，他仍以「尊重生命」爲出發點，選擇了與病人擁有良好的醫病關係的年輕醫生蒲永孝，做爲交付自己生命的對象。「蒲醫生是台大的高材生，也是國內培養出的醫學博士，他很好學，每年出國到別的醫院研究新知，而且他看病很仔細，對待病人的態度也很認眞，所以我決定選他。」

蒲永孝醫生透過電話，和嚴道在美國的表妹傅景華（加州大學頭頸部癌症專家，是當地的十大名醫之一）取得連繫，並和嚴道在克利夫蘭醫學中心擔任醫生的三女兒嚴嘉英，相互用E-mail來回討論研究，最後終於決定先在台灣爲嚴道做抑制治療，八月初再到美國進行雷射電療。

在美國前後治療兩個月，醫生向嚴道表示恭喜之意，並指出，嚴道體內已無癌細胞了，至少「可以開開心心享受五年的快樂人生！」但嚴道一聽，卻十分不開心，心想：「這些醫生未免太保守了吧，怎麼把病人治好了，才只能活五年？」原來好不容易拾回一條命的嚴道，早已打算多活幾年，好全心全意地奉獻於公益事業。

為自身健康奮戰不懈

其實，嚴道這種堅強的求生意志，從剛得知生病的那一刻，便完全顯露出來。「剛發病的時候，我腦中一點也沒有關於前列腺癌的常識，所以我趕緊吸收這方面知識。」正好在此時，嚴道看到Time雜誌上，有一篇報導前列腺癌的文章，更在Fortune雜誌上看到一篇關於Intel公司總裁安德魯．葛洛夫（Andrew Grove），在五十八歲盛年時期罹患前列腺癌的報導。

讓嚴道印象深刻的是，Andrew Grove在文章中表示，他覺得老天對工作努力、爲人公正的他相當不公平，所以決定以研究半導體的精神來研究前列腺癌這個頑強的敵人。Andrew Grove在決定治療方針之前，曾和超過十五個前列腺癌症專家對談過，並且也訪問了數百個病患，探討他們以開刀、電療、化療等不同治療方式的利弊。

在這些有的已經過世，有的才剛罹患前列腺癌病患的協助下，Andrew Grove將他的研究心得寫成了一篇報告，登在Fortune雜誌上。嚴道一看，覺得這篇以科學家研究精神寫成的文章，比專業醫生寫的還要有價值，便立刻要求在美國的女兒和對方連絡，懇請對方同意由他翻譯成中文。Andrew Grove一接到嚴道女兒的電話，馬上欣然同意了，並表示他當初寫這篇文章的主要目地，就是希望幫助別人，如果嚴道能將此文翻譯成中文，他相信必能惠及華人世界。

嚴道以崇敬的心將Andrew Grove的文章翻譯成中文，並刊登在董氏基金會當期出版的《大家健康》雜誌上。而這篇精采的文章立刻收到了許多回響，「許多老年人特地來基金會看我，他們除了表達謝意之外，並深入和我探討前列腺癌的病症，讓我那段日子忙死了！」嚴道笑著說，其實這樣正好，因爲教學相長，讓他更明白有關前列腺癌的一切問題。

「Andrew Grove的癌細胞，大小如方糖，採用的是精準式的治療，即以雷射光束鎖定目標，直接『轟炸』，殺死癌細胞。我的癌細胞，大小如乒乓球，採用地毯式的治療，連旁邊少少的癌細胞也全數殲滅。」

從前列腺癌的門外漢，到成了可以引經據典的半專家，凡是嚴道身邊中年以上的男性友人，也一律被他耳提面命地督促，要到醫院去驗血檢查，以免身體被癌細胞偷偷蠶食了還不自知。至於朋友好意提供的各式名貴偏方，嚴道則心存感激地束之高閣，因爲他只相信自己和蒲永孝醫生共同研擬的治療對策。

遺憾的是，和嚴道參加同一扶輪社的同鄉社友，也罹患了同期的攝護腺癌，但這位社友卻非常恐慌，一聽完醫生的建議，便急著要動手術治療。嚴道急切地提醒他，前列腺癌的手術療法頗具爭議，請朋友再次考慮動手術的妥當性，甚至將葛洛夫博士反對手術的譯文交給他過目。但嚴道的諫言並未被這位社友接納，等到當年十月十日嚴道由美國治癒返國，不幸竟正好趕赴參加友人的喪禮。

嚴道說，自己能擊退前列腺癌，多少是靠幾分運氣，但更重要的是他抱持學習的心，從ABC開始，以做學問的方式研究自己身體的癌細胞，並結合家人的力量來對抗癌症，結果不但自己受益匪淺，而且還幫助許多罹患同樣病症的病友，有一觀摩仿傚的正確前例。

為病患加油打氣

回想在醫院治療的過程，嚴道也發現一個頗值得醫方與病人家屬注意的現象，那便是罹患癌症的病者，常因心情沮喪，長期的失落，而成爲易患憂鬱症的高危險群。

當嚴道發現這種狀況時，他立刻發揮關懷的本能，趨前去安慰那些急需得到更多關注的病患。「我跟他們穿一樣的病人服，但我以樂觀開朗的態度，告訴他們：你們是最Lucky的人了，在這麼好的醫院，接受這麼好的醫生治療，而且採用這麼先進的設備，病情一定很快就能康復了。」

人吃五穀雜糧，難免生病，但醫生治病，除了醫術和藥物，還要靠病人本身的信心和毅力，才能恢復健康。嚴道語重心長地告訴病友們：「可千萬不能醫生在替你治病，你自己卻在慢性自殺呀！」

在這段期間，嚴道不僅會將自己的治療經驗及醫學知識，與其他病患一同分享，當有些病患在電療完畢，步出診療室時，嚴道也會趕忙上前幫忙，讓虛弱的病患不致因暈眩而摔倒。所以醫院裡的人都誇嚴道是：「模範病患！」

但嚴道自認，他對病患最大的幫助，就是在精神上的鼓舞：「我希望大家都能坦然地接受現狀，懂得在有限的生命過程中，多珍惜自己，更要多愛別人一些。」

治療完畢，自美返台，嚴道的前列腺指數降到0，癌細胞組織已經消弭於無形。「美國的醫生建議我，今後每年追蹤檢查一次就可以了，但我認爲這還不夠，所以和台灣醫生商量，平均每三、四個月都follow（追蹤）一次，反正對身體有益無害嘛！」

一病成良醫的嚴道認爲，關懷自己、多注意自己的身體變化，是每個人對自己應付出的最基本責任，同時這也是降低家庭負擔，減少社會成本最有效、簡易的方法。

如今，嚴道已度過五年的預後觀察期，但他反而更小心照料自己的健康，平均每一個半月，便勤奮地向醫生報到一次：「我自己很清楚，經過每天全身通電治療的過程，身體已漸漸出現許多超乎想像的後遺症。」雖然外表看不出任何異樣，但嚴道在手術過後，確實因腸黏膜受傷，便血了兩年，之後又因膀胱受傷、尿道縮小，無法順利排尿，所以有血尿現象，使整個人痛苦到了極點。

「有一天晚上，因爲血塊阻塞，尿路不通，整個肚子腫脹得眞有說不出的痛苦！」性格堅強的嚴道，自己用熱水直沖法軟化了血塊，在忙碌了許久後，滿腹的尿液才「澎」的一聲，及時流出，化解了尿毒危機。之後，嚴道意識到這問題的嚴重性，遂請醫生幫他擴張尿道，將這個惱人問題給順利解決了。

不擅於向人訴苦的嚴道，對於這些肉體上的折磨，都是盡量獨自承受，不想讓關心他的人，時時懸念著他，爲他憂心。「當時，我強打起精神，繼續維繫基金會的運作，也盡量正常上下班，所以很多人都以爲我的病早就好了，其實，後來的復健過程才更是痛苦呢！」

如今身體機能日漸恢復，體力卻大不如前，所以嚴道每天早晚利用家中的跑步機運動三十分鐘，而且能多跑一分鐘，就咬著牙多跑一分鐘。「我太太常佩服地說：『你真了不起！但是我不捨得看你受苦！』所以我也就從善如流，量力而為地不再過分勉強自己。」

就連蒲永孝醫生看到嚴道的努力過程，也稱讚他是所有病患中的「特例」，且鄭重地對嚴道表示：「我對你很有信心！你一定可以再活二十五年！」

為會掄才物色執行長

辛勤灌溉董氏基金會十餘年的嚴道，為基金會公益事業奠定厚實的基礎，但為了基金會長遠發展，他也積極為基金會物色一位有學識、有能力，又有服務熱忱的接班人。

「畢竟，我已經八十二歲了，董氏基金會的重任該交棒給年輕人去扛了。」

嚴道認為，成功未必在己，只有後繼有人，不屈不撓地做下去，才能使理想中的目標臻至實現！而嚴道屬意的這位繼任者，便是前中央健保局總經理葉金川教授。

CHAPTER 8

公益暖人間

嚴道坦言，自己大約在七十七、七十八歲時，就默默觀察，希望能爲基金會掄才，所以一聽說葉金川即將離開健保局，打算從事教職及做公益，就開始盯住他。

在透過現任健保局總經理張鴻仁的介紹，嚴道立即拜訪了葉金川。那時嚴道對葉金川的第一印象是，對方擁有一雙專注的眼神，雖然話不多，但卻讓人感到一股篤定的自信。嚴道依稀記得，他見到葉金川後，心中那份雀躍振奮的感覺：「那天，我好高興哦！因爲，我預感了，在葉教授加入之後，董氏基金會新一波的高峰時代，即將來臨！」

在財務上一直「孤軍奮鬥」的董氏基金會，在嚴道縝密的佈局下，本來希望先網羅葉金川擔任「執行長」，再規劃一位理想的「董事長」人選，以求無後顧之憂。因此當他聽說馬英九將離開法務部長一職時，便火速趕往馬府拜訪，力邀他加入董氏基金會。

「名義上是拜訪，其實就是請他來看看，了解董氏基金會的組織很健全。」嚴道對馬英九說：「我八十歲時，我們辦交接，請你繼任董事長。」而馬英九也欣然允諾了嚴道的邀約，立刻接受「名譽顧問」一職。「我當時的感覺就是：啊！董氏基金會有希望了！」

　為了表達誠意，嚴道立刻花了八百多萬元，將辦公室重新整理、裝潢，為馬英九及葉金川各安排了一間全新的辦公室，熱切、慎重地「虛位以待」。而葉金川在加入董氏基金會後，果然運用他管理、規劃、執行的長才，幫助基金會設立了更長遠的願景，拓展出更宏觀的格局。

於APACT(亞太地區拒菸協會)十週年，與馬英九再一次宣示「向菸說不」。1999年。

　可惜最後馬英九拗不過各界盛情，決定出馬競選台北市長，嚴道雖然十分失望，但還是全力以赴地支持他。「馬英九雖然當了市長，不能來帶領董氏基金會，可是只要我們辦公益活動邀請他參加，他每次必到，從不說ＮＯ！」

　嚴道對馬英九的為人處世作風，頻頻翹起大拇指，所以之後馬英九向嚴道「借將」，希望請葉金川擔任台北市衛生局長，為期二年，嚴道也慷慨應允，同意葉金川去幫馬市府團隊。

「葉金川堪稱是董氏基金會的『寶』，少了葉金川這隻大手，那二年，我當然累得多了！」嚴道說，葉金川來董氏基金會之前，就言明自己志在奉獻，所以在擔任董氏基金會執行長的第一年，就堅持不肯接受近乎部長級的薪資及往返花蓮慈濟大學的車馬費，就算領到錢，也幾乎是轉手間又將超過半數的薪資，奉還給基金會。

在台北市政府擔任一年半衛生局長後，在慈濟大學及董氏基金會分別出函催促下，馬英九言而有信，而且禮貌周到地親自陪同葉金川，將他「送還」董氏基金會。而在葉金川強烈的堅持下，他亦成為基金會不支薪的義務執行長。

生涯規劃早有安排的葉金川說：「退休後，我本來就打算從事純公益的服務，不論做什麼事，不再抱著『賺錢』的想法。前些年擔任健保局總經理時，看到董氏基金會的努力，我就覺得自己若有機會，也可以奉獻一些力量。」葉金川不否認，當他深入了解董氏基金會的財務結構，並不如外界想像的充裕，且充其量，只算得上是量入為出時，他簡直是嚇了一跳！因此更加深他當「義工」的心願。

欣賞葉金川的魄力

關於這一點，嚴道也坦言，因爲董之英先生捐了一億元，做爲董氏基金會的基金，所以從創會開始，一直讓人誤以爲它是有財團支持的團體。爲了讓員工安心工作，嚴道給員工薪水，也比一般社團高出許多；加上嚴道不喜歡讓人有不樂之捐，所以基金會從一開始，就不曾對外募款，更加深別人誤以爲董氏基金會從來不需要爲錢操心。

但其實，長年以來，董氏基金會除了有一些小額捐款、企業贊助活動、政府委託的專案外，平日的開銷都靠董事長一手張羅，打點門面，所以要嚴道費心操煩的時候也相當多。

這也是爲什麼五、六年前嚴道就想辦「Quit & Win戒菸就贏」活動，卻苦於一年預算高達上千萬元，所以

嚴道覓得良駒前健保局總經理葉金川，擔任董氏基金會執行長。1998年。

感謝拒菸大使李宗盛熱心公益。2002年。

不得不打消念頭。遲至今年，在ＡＰＡＣＴ亞太拒菸協會香港年會上，葉金川魄力十足地報名參加，才正式加入世界各國「戒菸就贏」的比賽行列。

這項有一百多個國家一起比賽的戒菸活動，規定在二十八天內戒菸成功的人，只要經檢查通過，不但有機會得到台幣六十萬元的獎金，還有機會受邀參加世界衛生組織年會，而葉金川不僅找到了法瑪西亞藥廠贊助，使得這項深具意義的活動能順利舉行，而且他還源源不絕地爲基金會引進很多的資源與人脈。

看到葉金川這麼爲基金會戮力以赴，嚴道開心地說：「葉金川執行長的魄力，非常合我的口味。」而且國內第一次舉辦「戒菸就贏」活動，就能使報名參加人數衝出「世界第一」（我國約有二萬五千人，新

Quit &Win 2002 www.quitandwin.org

加坡、香港不到一千人，日本也只有一千多人參加），這股驚人的氣勢不僅讓董氏基金會感到十分驕傲，而且也證明了，台灣國民對健康概念的意識，已躋身世界標準。

尊重董事，大家出主意

葉金川做事可以大開大闔，和嚴道用人的哲學，充滿信任和尊重，有相當大的關係。

事實上，在過去十八年中，董氏基金會選出的理監事或顧問，都不是嚴道一人決定的，而是由會內各組負責人，視專業需要推荐人選後，由嚴道親自或出函邀請對方擔任。這其中，有些理事或顧問，對某些事情的想法或許未必和嚴道完全相同，但嚴道只問對方是否「專業」，是否對公益服務「有心」，其餘也不會因個人的好惡偏見來影響會務執行。

舉例來說，嚴道一直想推「資深公民人力銀行」的觀念，鼓勵企業或組織，以聘請義工或半義工的方式，讓退休者一生累積的寶貴經驗，有機會再次貢獻給社會，並重新找回他們的成就感。

當時他「三顧茅廬」，前往政大心理系禮聘黃國彥教授，擔任董氏基金會理事，並興沖沖向老人問題專家的黃教授提出，日後董氏基金會想推動老人人力銀行的會務時，黃國彥教授即直言：「理想很好，但阻力甚多，推行不易。」一下子就澆了嚴道一盆冷水。

嚴道聽後，依然禮聘黃國彥擔任理事（至今仍是），並再三請益，了解一般企業的觀念有待突破，老人本身只想過優閒生活的想法也需要再教育，所以要形成風潮的困難的確存在，便不再執意大規模推動，僅由基金會的義工中，選擇合適推荐的對象，助其找到合適的單位去服務。

一生行公益，溫情暖人間

兩年多前，嚴道爲董氏基金會作了一首會歌「我的期許」，並請音樂家郭孟雍譜曲，內容寫道：「我的期許，也屬於你；尊重生命，愛惜自己。菸害防制，蔚成風氣……體內環保，先從飲食做起；捐贈器官喜捨不遲疑，人間沒有憂鬱……大家有健康……人間充滿大愛……」

這首以基金會所有工作內容爲歌詞的曲子，是過去嚴道每週一開週會時，和基金會工作人員必先唱誦的三首曲目之一，另外還有「感恩的心」、「愛拚才會贏」，接著才進行一週的會務討論。如今週會由葉金川執行長接棒主持，嚴道改爲列席指導，依然維持唱歌的暖身運動，爲一週工作的伊始提振士氣。

率眞、童心未泯的嚴道，總是說他最喜歡星期一了，因爲每個星期一，他會跟嚴媽媽一起發各式各樣的小點心、小糖果給大家，並且和所有員工一起唱歌、開會，好好熱鬧一番。而多年來，這也是嚴道保持愉快心境的方法之一。

現今十分注重均衡飲食的嚴道，每天少吃肉、多吃蔬菜，適量運動，規律作息，希望能將身體保持在最佳狀態，再多爲國家社會做一些事。

十幾年來，董氏基金會推動戒菸、拒菸、節酒、營養保

以聖誕老人的裝扮，祝福由董氏基金會發行的大家健康雜誌讀者平安。2000年。

健、心理衛生、器官捐贈等健康觀念，逐漸在社會各角落生根發芽、長成大樹。嚴道很肯定地表示：「這一生沒有遺憾！」因爲這一路行來，已做了最該做的事，走最值得走的路，所以此生只有滿懷的感激與喜樂的知足。

「人生是生生不息的，就如同四季，春天來了，冬天自然就過去。」嚴道熱愛生命，視

名利為蜉蝣蒼狗，他把握住活著的每分每秒光陰，盡力無悔地助人，彷彿這才是他的天職，是他的志業，也是他快樂的泉源，所以他一天過得比一天還充實，就像一條川流不息的河水，漫長又踏實地將心中源源不止的善意，流送至你我的心房。

特輯 1

那次我遇見他

他像顆磁石

丁守中

十三、十四年前，我在一次電視節目中看到嚴董事長接受媒體專訪，他濃厚的鄉音娓娓述說自己推動菸害防制的使命，他提到自己吸菸、戒菸，受到菸害而切除一個肺的慘痛經驗，慷慨激昂地批評外國菸商，不顧人民健康，不斷在一些聚會場所，讓民眾免費試抽香菸，他要為國人下一代的身體健康請命，希望號召有志的義工，一起為菸害防制努力，看完他的專訪我深受感動。

幾個月之後，那時正在台大教書的我，受邀至仁愛扶輪社演講，現場致答詞的代表正是那天在電視上看到的嚴董事長，他對我勉勵有嘉。會後，他提起我和他的兒子嘉隆長得很像，當下我們就結下不解之緣，至今嚴伯伯一直把我當成他的孩子看待。

當選立委後，我自然成了董氏基金會的義工，幫忙嚴伯伯協調修法工作。嚴伯伯的年紀這麼大，卻經常風塵僕僕趕到每一個重要場合，推動他的理念，實在令我們這些晚輩佩服。私底下的嚴伯伯，不失赤子之心，他像一個家庭的長輩，細心地對待孩子，常在嘻哈談笑中，傳達了嚴肅的想法。

台灣菸害防制的推動能領先全亞洲，嚴伯伯居功厥偉，他就像一個發光發熱的磁

石，吸引許多有志義工，共同爲菸害防制工作而努力。（作者是國民黨市黨部主委）

樂觀開心作公益

朱英龍

我還記得很清楚，第一次與嚴董事長見面是民國八十八年一月十八日上午十點三十分，之所以會跟董事長見面，是因爲朱太太才在兩個多月前（距今三年半）因爲憂鬱症過世，在她多次的發病過程中，全家人都感到相當的無助與折磨，從我陪伴她進出醫院的經驗中，了解許多人正因爲憂鬱症受苦，但是病人及家屬對於憂鬱症的相關訊息並不清楚，因此我下定決心要作憂鬱症的衛教宣導工作，讓社會大眾知道。

董氏基金會是一個很具公信力的民間團體，因此我直接約了董事長見面。當天在基金會嚴董事長的辦公室裡，跟董事長見面握手之後表明來意——希望能在憂鬱症衛教工作，共同對大眾進行宣導。起初我還能壓抑情緒，說到一半，突然想到內人因憂鬱症過世，覺得很悲傷，嚴董事長也紅了眼眶，拍拍我的手臂，說：你放心，我們非常願意合作，這是一件對全民有益的事，並且馬上囑咐基金會心理衛生組主任葉雅馨，共同擬定憂鬱症的宣導計畫。看著嚴董事長慈祥堅毅的表情，我知道我找對了人，我喘了一大口氣，心中重擔頓時減輕。

三年過去了，在嚴董事長及葉金川執行長的帶領下，憂鬱症的預防宣導漸漸奏效，很多精神科的門診量也顯著增加，這是一件非常可喜的現象，除了大眾對憂鬱症的了解，有情緒困擾的人也願意就診了。

我相當佩服嚴董事長以他八十二歲的高齡，樂觀開心地作公益，嚴董事長是我的良師，他是一位有使命感與責任感的人，感召我投入公益。我相信在奉獻服務中，將會有無限的快樂。

如果我要用一句話形容董事長，那會是：「尊重生命，堅持理想，熱愛工作」（作者是嘉隆實業董事長）

社會運動不一定走上街頭

李伸一

第一次遇見嚴道先生是在民國七十三年，他到消基會來拜訪，當時我擔任消基會祕書長，對他的第一印象是，這是一位西裝筆挺、很謙虛的長者；當他談到希望一起推動戒菸運動時，我問他以前有沒有抽菸，他說：「有！就是因為有抽菸，才知道抽菸的害處」。

我對他的理念深表贊同，但是對戒菸運動的執行成效卻持保留的態度，主要原因有三，第一、當時的社會風氣，朋友見面、業務往來或公務接洽，大都先奉上一支菸，才談正事，而菸商挾其財力從事各種促銷活動，加上國內的菸酒公賣局的菸酒收益，又是政府收入的重要來源，在這樣的情況下要推動禁菸運動，可說是困難重重；第二、禁菸運動的最終目的，雖然是反對菸草公司製造菸草，並宣導吸菸會影響民眾健康的觀念，但是推動的結果，直接限制了大眾吸菸的自由，可能會因此遭到吸菸者的反彈；第三則是嚴先生以他六十幾歲的高齡從事社會運動，會不會年紀大了一點，是否有年輕人般的衝勁與持續性？

在我將想法及顧慮告訴嚴先生之後，他認為執行方法與步驟可以修正，但是戒菸運動的目標絕不改變。因此嚴先生自己很誠懇、持續地帶動董氏基金會的工作人員，鍥而不捨地由拒吸二手菸、勸導民眾不在公共場所抽菸，到要求在公共場所設立非吸菸區及吸菸區，再到推動立法——菸害防制法，規範特定公共場所及交通工具全面禁菸。這些努力的成果，現今大眾認爲理所當然，但當時逐步推動卻是異常艱辛。

嚴先生因推動戒菸運動，使他更有活力、更加健康，我由衷佩服他堅持理想、始終如一的精神，董氏基金會也如同消基會一樣，樹立了社會運動不必走上街頭的典範。（作者是現任監察委員）

公益形象是他最好的SKII

李淑娟

嚴爸爸的公益形象，已成了他最好的SKII，不只讓嚴爸看來永遠不老，而且愈來愈受歡迎。

認識嚴爸這麼多年，最佩服他言行如一、愛人如己。一次，請他到報社聚餐，他看每張桌子上都有菸灰缸，沒說什麼，站起來便逐桌將菸灰缸一一收起來；聽說，他坐計程車也是這樣，一遇車廂有菸味，便苦口婆心勸人戒菸。

他因反菸運動和跑公益、醫藥線的記者十分熟稔，從此，他的「孩子」就不限董氏基金會那群丫頭，記者的大大小小事他也管。比方說，我們家阿富——詹建富年逾三十五未娶，他老人家一次正經八百地與我相約吃飯，席間，不斷陳述他所發現阿富的難得，與他想牽紅線那邊女方種種的好。

雖然那次親家不成，仁義今仍在，我們感念、尊敬嚴爸，不只因爲他年長或心腸好，而是他能將每個在人前喊的口號，不著痕跡地落實在生活中；他還能超越年齡界線，不裝可愛，而和年輕人零距離；而且他愛大家，從基金會的大家庭、幫忙作媒的記者，到關心每一個不相識的菸槍及他背後的家庭；這年頭，有誰非親非故，還會這樣疼惜人呢？（作者是民生報總編輯特別助理兼綜合新聞中心主任）

遠瞻與獨到的見解

宋維村

第一次遇見嚴董事長，是在董氏基金會剛成立的時候，距離現在有十八年了。一直以來，有兩件事情是嚴董事長最讓我佩服的，第一件事是嚴董事長的眼光，在基金會的草創階段，幾位董事針對未來基金會將要關注的主題進行討論，嚴董事長即以獨到的見解，將環保、營養及心理衛生等三項納入，而其中環保以菸害防制爲主要的訴求，營養以肥胖問題爲關懷的重心，心理衛生則針對兒童青少年壓力處理能力的培養，就當時的社會環境而言，這三項並不是最受大眾所關切的主題，但是嚴董事長的作法可謂有著深思熟慮的遠見，在陸續的活動、策略推動之後，果然獲得民眾及各界的認同與支持，我想，這是爲什麼董氏基金會可以在成立後一炮而紅的主要原因。

第二件讓我佩服的事情，是嚴董事長經營基金會的方法，他引進企業經營的理念，以全新的方法統籌、規劃各項資源，將基金會的整體營運迅速地推上軌道，成爲現今國內財務最穩定的基金會。

現在，基金會能有著如此豐碩的成果，除了過程中全體同仁一點一滴的辛勞付出外，嚴董事長前瞻性的眼光與專業的經營方式，才是使得基金會各項業務扶搖直上的最大推手。

對於董氏基金會有著一份特殊的情感與關懷，最想對嚴董事長說的一句話是：祝福您，希望您永遠身體健康！（作者是台大醫院兒童心理衛生中心主任）

窮畢生之力防制菸害

馬英九

認識嚴道先生有十多年，我印象最深刻的一次會面，是在我離開法務部之後，也辭去政務委員，回到校園擔任教職的時候。

有一天，嚴道先生打電話給我，約我吃飯。在用餐之間，嚴先生告訴我他的理念、想法，以及未來基金會努力的方向。然後，他話鋒一轉，說自己年紀大、身體又不好，希望能夠把棒子交給我，當時我嚇了一跳，嚴先生的意思是希望我擔任董事長，接掌基金會。

在這之前，我擔任的是基金會的志工及榮譽顧問，聽到嚴先生如此的說法，我相當震撼，因爲我必須考量自己是不是有能力及時間，接掌這項工作。

回到學校之後，我查閱教職人員擔任公益團體董事職務的相關法令，其中明文規定不得擔任兩個以上公益團體的董事，那時我已經是台大法學基金會及哈佛基金會的董事，自然不能再擔任其他公益團體的董事了。

然而，嚴道先生還是一再地對我勸說，有一次我到董氏基金會，嚴先生已經把董事長的辦公室準備好，連壁畫都已經裝上，隨時等待我去上班，當時，我眞的不知道該用什麼言語來形容對這份誠意的感激。

那時我的印象非常深刻，很少看到延攬人員這麼有誠意的。雖然我未能擔任基金會的董事長，但是嚴先生做事的方法與格局，讓我非常地崇敬與佩服。

嚴先生是反菸的健將，可以說是窮畢生之力，防制菸害。在未來的日子裡，將有更多年輕的新血加入反菸的行列，我相信嚴先生的理念終將落實在我們的社會上，開創一個清新、健康的無菸世界。（作者是現任台北市長）

健康事，他的事

郝龍斌

在未認識嚴先生以前，我早聽聞他爲董氏基金會奉獻心力，推動許多和全民健康有關的公益事業。直到六年前，我剛當選立法委員，那時菸害防制法正在審議表決，嚴先生親自到立法院門口一一向立委拜託協助，這也是我第一次見到他本人，我想他這麼大的年紀，又是一個有社會地位的人，爲了推動菸害防制法，竟不辭辛勞地跑到立法院向立委諸公遊說，當下看到這樣的場景，我就主動到他面前致意，向他表明：「我這輩子一根菸也沒抽過，一定會支持他。」

從那一次菸害防制法推動成功後，我就與董氏基金會往來相當密切。民國八十八年，公賣局預計針對青少年在五月二十日推出「五二〇我愛你淡菸」，嚴先生就找我和幾位立委向當時的財政部長邱正雄和公賣局長施顏祥懇談不要推出這樣影響青少年健康的產品，經過多次的協商，公賣局終於被嚴先生的誠懇和使命感所感動，決定停止生產和銷售。九十一年一月一日開始，開徵菸品健康福利捐，也是在嚴先生的感召下，我主動積極參與推動立法。

後來，我在立法院積極推動「健康食品管理法」，嚴先生知道後，馬上熱心地幫忙我一起推動，也爲我在董氏基金會發行的《大家健康》雜誌，開闢專欄做宣導，只要和全民健康有關的事，嚴先生總是義不容辭地跑在前面推動。（作者是行政院環保署長）

「雖千萬人吾往矣」的勇者

柴松林

十九年前嚴先生草創董氏基金會，承其不棄相召共商會務推動事宜，自此以後長期追隨先生從事公益活動，過從甚密、相識日深，對先生亦多敬重。推究之所以樂於追隨先生、敬重先生，有以下幾個理由。

一是不忘本，將原屬自己之資產捐設公益組織稱董氏而不稱嚴氏，追本溯源以紀念董先生。

二是有勇氣。創會當時尚在戒嚴時期，松林因長期推動環保、人權、消費者保護等社會運動，被視爲異議人士，友輩疏離；而先生樂於相召，具見其有擔當、有勇氣。

三是富正義。董氏基金會雖以戒菸爲首要任務，兼及促進國人健康之事務，但對環境保護、消費者運動、人權運動、弱勢地位者權利之促進等、有助於伸張正義者，莫不樂於支持，給予協助。

四是講原則。有理想，能堅守理想；有是非，能辨是是非非；公私分明，能犧牲一己之私而成就公益。

五是善待人。非僅家庭和睦，與朋友交往推誠相與，對待員工部屬，親如家人，並能給予其繼續成長的機會，如子女般鼓勵其上進。

六是重實踐。能坐而言的人多，能起而行的人少，先生認爲應做之事，一肩承當，絕不推諉；講時效不拖延、講組織、講系統、講方法，且能身先士卒而功成不居。

七是富魅力。與先生相識多年，深覺其能開闊地包容異見，謙卑地接受批評，創新地提出計畫，和諧地化解阻力，堅毅地給人信心；讓人得到關懷，感到鼓舞，具有領袖人物的人格特質，讓人遵從，樂於追隨，更能吸引人的是那一種雖千萬人吾往矣的浪漫精神。（作者是新環境基金會名譽董事長）

尊重專業

徐一鳴

二十年廣告生涯中，遇到廣告主不計其數。其中，嚴道先生最讓我印象深刻。

一九九九年夏天，我受董氏基金會葉雅馨小姐之託，幫基金會製作一支呼籲國人重視憂鬱症的廣告片。董氏基金會以推廣禁菸出名，但因爲國內憂鬱症患者日益增多，嚴先生深以爲憂，剛好有熱心企業家願意出錢，「呼籲國人重視憂鬱症」就成爲基金會當年推動的新目標。

我成立的達一廣告，上上下下不過六、七人，名爲廣告公司，其實與個人工作室無異。接這案子完全無利可圖，偏偏憂鬱症和禁菸不同，除非大量閱讀相關書籍與報告，根本無法下手。三不五時，還得去聽專家學者好心「指正」，對喜歡速戰速決的我，實在是一件苦差事。

如是好幾次，我只想一推了事，奈何每回都被雅馨勸了回來。我常跟同事討論，碰上她這種溫柔但堅定的眼神，加上誠摯動人的言語，不知有誰能當面拒絕？只好嘆口氣，咬牙幹下去。

特輯 1

那次我遇見他

等片子拍好，出錢的企業家來了，好心的專家學者來了，嚴先生當然也在，這是我第一次遇見他。爲了趕時間，我直接做了播帶（意思是不能改啦）。簡單回顧創意策略後，我把片子放了幾遍，只見所有人都交頭接耳、議論紛紛。

「好像內容太多、旁白太快？」嚴先生問我。「內容多，旁白當然得快！」我盡可能輕聲解釋。

「我有點看不懂……」嚴先生鍥而不捨。

「那不重要！董事長，你不是我們要溝通的對象！」我聲音高了起來。「再說，你的人告訴我，公益廣告最好就是三十秒……」

全場一片沈默。

嚴先生慢慢站起來，「他說得對！我……就讓你們決定吧……」他握住我的手，「謝謝你！Peter，你做得很好，我喜歡有自信的人！」沒有任何修改，那支片子順利播出。

就在那時候，我突然明白：這麼多年來，在這麼多公益團體中，董氏基金會一直受到各方尊重，一直如此成功的眞正原因了。

半年後，同樣沒有賺到錢，我拍了第二支重視憂鬱症的廣告片。(作者是達一廣告執行創意總監)

亦父亦師亦友

許淵國

民國七十九年六月，丁守中先生在家爲嚴董事長作七十大壽，邀我及未婚妻作陪，是我第一次見到嚴董事長夫婦。

當時我只是個剛回國不到三年，在東吳及文化兩所大學法律系兼課並在理律法律事務所工作的沒沒無聞的年輕人。在我心目中，致力於防制菸害、保護全國民眾健康的嚴董事長是個令人景仰的長輩。意外的是，在這首次見面後不久，嚴董事長便主動邀我擔任董氏基金會的法律顧問，進而擔任基金會董事；爾後十幾年來，每當我遭遇人生重大抉擇的關卡，「亦父亦師亦友」的嚴董事長總以他豐富的人生智慧與經驗替我解惑。自小怕菸味的我也從此在他的領導下一起從事「禁菸、戒菸」的公益活動。

嚴董事長不僅是全民健康的關懷者，更是積極的實踐家，十八年來率領基金會同仁克服各種困難，堅持理想、努力不懈，我在嚴董事長身上不僅強烈感受到一股對這塊土地的疼惜與熱情，更有幸從中學習到如何把這份使命感化爲具體的行動。

除了菸害防制工作，我在從政期間特別關心校園垃圾食品危害兒童健康的議題，嚴董事長亦鼎力支持，並將之訂爲董氏基金會的工作重點，積極進入校園教導兒童正確健康的飲食觀念，並推動立法限制校園不得販賣高熱量、高糖分等垃圾食物與飲料，有效遏止校園裡的「小胖子現象」。

嚴董事長對全民健康的事務有遠見有實現，其所思所行，可以說替「公益」兩個字做了最好的詮釋。（作者是現任立法委員）

寬中帶嚴的帶領

黃國彥

民國八十三年左右，有次雅馨打電話約好要來拜訪我，原本以爲只有雅馨會來，一輛車就停在我的研究室門口，雅馨敲敲門，沒想到董事長居然勞動大駕，這是我第一次跟董事長見面，我詢問董事長「該如何服務你？」董事長表示他想在扶輪社做銀髮族人才顧問的管理，例如有些老人會捏麵人、摺紙等民俗才藝，就能教導年輕人或是推薦作爲社團指導老師。董事長想借重我在老人心理方面的研究，共同推展這項計畫，但是我認爲扶輪社的成員大多數都是中小企業的董事長、總經理，他們或許比較想獲得有關經濟、財務、管理的諮詢，推動這項計畫效果不大，因此當場就表示「不可行」，讓董事長傻在那裡。後來董事長介紹了基金會的工作內容，邀請我協助心理健康的工作，我就與雅馨搭配，進入董氏基金會，協助相關工作計畫的進行與安排。董事長以他長者的身分，溫文儒雅的態度，做利他的行爲，在社會上非常少見。

參與基金會，感覺嚴董事長對別人都很好，但是對工作同仁卻比較嚴格，我常試著扮演甘草人物，逗逗他。例如一次基金會舉辦亞太拒菸活動非常成功，結束後董事長得意地跟我說：「你看，活動辦得不錯吧！」我抓著機會提醒他說，你雖然得意，工作人員相對的付出很多，需要犒賞一下，可以給我半天的時間嗎？董事長也立刻答應，於是有機會帶著工作人員上陽明山紓解情緒。

基金會在嚴董事長的帶領下，由不同角度切入促進國人健康，不管是在菸害、營養或是心理衛生方面，都建立了基金會的公信力，這也是我參加過的許多基金會中，少數要求嚴格與工作績效顯著的民間組織。我由衷佩服，也發心追隨。（作者是政治大學心理系教授）

仁心與博愛

陳建斌

十多年前，董氏基金會在協助推動校園食品管理和學童營養午餐時，我就認識了嚴董事長，後來與基金會的業務往來密切，漸漸熟識了這位令人尊敬的長者。

在我印象中，他是一位很有魅力、很有說服力的行銷者。有一次，農委會爲了推銷台灣農產品，強調我們的高鮮度和高品質，並與進口產品有所區隔，舉辦一場促銷說明記者會，我靈機一動邀請了嚴董事長參與。沒想到會中他對台灣農產品有很深刻的了解，與記者侃侃而談，用懇切的口吻，很有智慧、技巧地替農民推銷農產品，結果那次的促銷說明會，成果豐碩。

後來，我有一個新點子，想請嚴董事長幫忙，我想董氏基金會在宣導禁菸、戒菸、無菸味的空間之餘，是否也可以提倡民眾多聞花香，讓家庭引進花香而滿室馨香，爲台灣這些美麗可愛的花卉多一個促銷管道，結果嚴董事長頗能接受這樣的新觀點，大力爲花農促銷。他知道農民的辛苦，在很多次的國產疏菜促銷會上，都賣力地爲農民促銷，他是個很有仁心，很博愛的人，除了宣導健康觀念照顧消費者外，也體恤生產者的辛勞，只要有機會爲農民服務，他都竭盡所能，讓我們在旁的工作人員都很感動。

近來，我因爲工作調整的關係，除了農產品推廣的業務外，也包含推動改善農村的社區生活。我想到基金會有心理衛生組，正可協助我們培養農村志工，讓志工們有輔導的技巧，幫助農村孤苦無依的獨居老人，打開他們閉鎖的心房，結果董事長爽快地答應我的請求。現在「喜相伴」農村志工的培訓已經進入第二年，志工服務的對象也擴大到農村地區每一位需要幫助的村民，提供更多生活支援的服務，這都得感謝嚴董事長的協助。

董氏基金會從禁菸、戒菸爲起點，進而推動食品營養、心理衛生外，也協助許多志工訓練的培養，透過人與人之間的互助合作，爲社會注入一股暖暖的人情味，這股人情味的凝聚，也正是現在社會所缺乏的。

在嚴董事長身上，我看到一位完整公益人的形象。（作者是農委會推廣科科長）

因他的謙卑而感動

張鴻仁

早在民國七十多年的時候，在許多的公益活動場合，我就常見到嚴董事長的身影。後來據聞嚴董事長爲了投入器官捐贈工作，特地三顧茅廬，不辭辛苦地拜訪七大宗教領袖，請他們齊聚現身，共同呼籲信徒支持器官捐贈的活動，我非常感動。民國八十一年時，我主動與董氏基金會連絡要拜訪嚴董事長，表達身爲晚輩對他的敬意。

在拜訪過程中，嚴董事長神采奕奕，自信又執著地暢談公益理念，十分令人感動，他說：「推動器官捐贈，是提醒國人把已經不要的臭皮囊，幫助給需要的人而已。」這顯示出他對人的關懷與無私的愛，尤其只要是推動和全民健康有關係的活動，都會遇見一個活潑有朝氣，認眞投入的身影，那就是嚴董事長。

民國八十六年，我的好友葉金川想離開公職，且全心投入教職及社會服務性工作，那時我第一個想到的是他可以追隨嚴董事長；恰巧有次機會，我遇見基金會菸害防制組的林清麗主任，向她提起這件事，沒想到原來嚴董事長早已「虎視眈眈」，計畫抱著當年推動器官捐贈的「三顧茅廬」精神，力邀葉金川來帶領董氏基金會，當我知道嚴董事長的想法時，一方面高興兩個好人聯手，定會爲國人做出更多增進身心健康的貢獻，一方面更對他老人家的謙卑而感動。

我很高興我的好友葉金川現在能在董氏基金會與嚴董事長共事，爲台灣的菸害防制、食品營養、心理衛生、器官捐贈等工作繼續努力。在嚴董事長八十歲的生日宴會上，我送他一個琉璃打造的海龜，希望他身體健康長壽，永遠能帶領基金會那一群可愛的工作同仁，繼續爲台灣及亞太地區人民的身心健康努力。（作者是中央健保局總經理）

他很有行銷的概念

趙少康

我一直以來就很注意公益團體，特別是董氏基金會。認識嚴先生，是在我當立委的時候，嚴先生到立法院來尋求立委支持反菸的運動。初次見面的感覺是這個老先生很熱心，個子小小的很可愛，做事從容不迫、慢條斯理，卻很有耐心。他提出許多先進的觀點，比如抵制菸商衍生性廣告……，其中最讓我印象深刻的是，尊重不吸菸者的人權。那時社會上普遍錯誤的想法是「吸菸是我的自由」，然而，嚴先生卻逆向思考，提醒大眾不抽菸者也有不吸二手菸的權利，呼籲拒吸二手菸，這在當時是很特別、很大膽、很突破的觀點。

我很重視環保議題，不抽菸，對會污染空氣的二手菸，也很排斥，所以當嚴先生尋求我的支持時，我很明確地告訴他，我非常贊同他反菸的理念。隨後，董氏基金會舉辦的幾場研討會或座談會，有邀請我，因爲見面的機會多了，所以對嚴先生的印象也就愈來愈深刻。他很有行銷的概念，做事有毅力，也很有方法，像董氏基金會常常會收集國內外的反菸資料，找歌手、公眾人物代言或邀請國際的反菸鬥士，推動反菸的理念，效果都很好，也因爲他的目標清楚，大家提到拒菸，第一個想到的就是董氏基金會。

去年，他親自來飛碟電台拜訪，知道他已八十多歲，但是爲了見面他費力地爬上一段窄窄的樓梯到我的辦公室，也告訴我：年輕時吸菸，右肺葉因而割除，所以一爬樓梯就好喘。見我的目的是希望我能安排公益的時段，傳遞正視憂鬱症及反菸等健康的訊息，我二話不說便答應，今年董氏基金會參與舉辦國際性的「Quit & Win戒菸就贏」活動，我在節目中也大力支持。嚴先生對反菸運動的貢獻，有目共睹，也因爲他的執著，大家都感受到了這份使命感，經過這麼多年，證明他的堅持，很有意義。（作者是飛碟電台董事長）

柔性勸導，而非嚴詞以對

趙寧

一九八二年左右，我剛回國在華視工作，有一次接到嚴董事長的電話，邀請我參加董氏基金會的活動並擔任顧問，沒想到董事長居然一個人親自跑到華視附近的國聯飯店，請我吃了一頓飯，讓我覺得非常驚訝與感動。以他一位長者的身分，應該是我到辦公室去見他，但是他卻親自跑來邀請我，這樣的做事方式跟其他人非常不同，令我十分感動。

有次在基金會開會，跟董事長談論到戒菸的活動相當有成效，或許也可以來從事戒酒的工作，改變台灣的喝酒文化。董事長馬上表示他可以結合一些外界的資源，共同來努力，也鼓勵我進行這樣的工作。當時我就成立了「社會無辭文教基金會」，提倡「不勸酒、不拚酒、不喝酒」的解酒運動，有一些外國的廠商在董事長的介紹之下，也提供了資源協助進行宣導工作。讓我印象深刻的是，只要是嚴董事長認爲對社會有益的事，即使不是由基金會舉辦，他也全力推動，這種精神令人感佩。

雖然我本身不抽菸，加入了董氏基金會之後，看到公共場所或是車廂內有一些抽菸的人，自己還是缺乏道德勇氣，怕招來白眼而不敢去規勸他。但是董事長卻常常做這樣的事情，而且是用相當有禮貌的方式去做：即使是年輕人，他也會先向人鞠躬，用柔和、有禮貌的方式，去勸導別人、請求別人不要抽菸，而不是義正詞嚴地指責他。董事長做事對人的態度，影響我很大，相信這也是董氏基金會成就的動力之一。

（作者是師範大學視聽教育館館長暨圖文傳播系教授）

他是個好病人

蒲永孝

嚴道董事長是我的病人，至今已六年。那時，嚴先生的PSA（血清攝護腺特異抗原）指數升高，院方安排作超音波檢查，顯示正常，又作切片…等各項檢查，就在這麼一連串的檢查之後，確定嚴先生有攝護腺癌。

我第一次看見嚴先生，是嚴先生作超音波檢查，院方要我過去看看，當時嚴先生躺在床上，背對著我，檢查完後，他問我情況如何？我猶豫著該用什麼話告訴他，也脫口說了句「不知該怎麼講」，他卻用堅決的語氣說：「事實是什麼就講什麼，尤其我們都是有學識的人。」後來我只跟嚴先生說「不要擔心，我們會照顧你！」

之後的治療，嚴先生讓我的印象愈來愈深刻，它是一個很好的病人，這個「好」，包含了他很聽醫師的話，像是我要他每天喝番茄汁，他其實非常不喜歡那股味道，每次喝完，都得要含一顆糖，可是他還是每天喝一杯番茄汁。其他的飲食、運動建議，他也都百分之百地遵守；他主動淡化不舒服，我相信在治療的過程中，他是很不舒服的，但是他總是說「沒問題」，像是鼓勵性地繼續接受治療；他的治療很有效，這六年來，很多新藥第一次用在他身上，每次都見效，可以說是治療上的奇蹟。

去年春節，我寫了一副對聯給嚴先生，「急公好義憂國憂民 禁菸不遺餘力」、「俠骨柔情樂天知命 公益誰與爭先」。嚴先生關懷政治，敢言、正直，富有天生的領袖氣質，有一種天生的使命感要照顧周遭的人。

而他的樂天知命，在生病的期間更是表露無遺。我每期在《大家健康》雜誌上看到他的文章，樂觀、活力、就是年輕人的感覺，對他來說，該來的總是會來，不要有壓力，也不出現悲觀。（作者是台大醫院泌尿科主治醫師）

當評審是件難事

賴東明

我與嚴董事長都是扶輪社的社員，但是分屬不同的扶輪社，透過地區年會，以及各種聯合活動而認識。大家對嚴董事長都感到「敬畏」，因爲他推廣禁菸運動，因此每次開會，大家在嚴董事長到達門口之前，就趕快將菸熄掉，將菸灰缸拿走。我很少看到他勸人不要吸菸，因爲他就是禁菸標誌，不需要多說了。

我替董氏基金會作的第一件工作，早在民國七十六年，嚴董事長找我幫忙作一支禁菸廣告，於六三禁菸節時推廣禁菸工作，我想了想，以「禁菸獲得健康」爲主軸，聯合十多家企業，作了一支「聯合廣告」，這是嚴董事長第一次讓禁菸走向企業。

與他近距離接觸是在董氏基金會各種主題的廣告海報評審上。嚴董事長以基金會的角度評審，每次他都看得比別人仔細，先約略看過一次後，開始對每一張做更審慎的觀察，扶著眼鏡、拿下眼鏡、把海報拿遠取近，才決定取捨。有時還會對其中特殊的創作，不斷地讚嘆、欣賞，他說「每張作品都是設計者的心血，所以當評審很難」。除了認眞與負責，我想嚴董事長還有愛心跟理想，因爲有愛心催化，所以產生熱情，才能持續這近二十年來健康公益的理想。（作者是聯廣公司董事長）

永續「大家健康」

藍忠孚

第一次聽到嚴董事長的名字，是在孫運璿先生當行政院長的時候，那時我是陽明醫學院社會醫學科的教授暨主任。某天我接到李國鼎資政的電話，李資政提到愛國僑領——董之英先生，爲了感謝嚴道先生對他事業的協助，想捐一億新台幣成立基金會，推動國人健康及衛生工作。李資政認爲我熟悉公共衛生的事務，因此推薦他們找機會和我碰面，討論基金會的規劃方向。

之後，董先生和嚴道董事長到陽明大學拜訪我，對於他們不帶任何條件，捐出一億新台幣推廣健康的理念，我內心十分佩服。那次碰面我們對款項的運用初步交換意見，董先生和嚴董事長表達了動機與期望，我則根據國際趨勢，建議後續規劃的方向。

之間經過幾次討論，董氏基金會終於在七十三年五月十九日成立。成立大會當天，孫運璿院長、李國鼎資政也蒞臨指導。

那時大部分基金會推動的方向是防治疾病，如防癌基金會，但我們參考了世界的潮流，從章程的規劃到議題的選定，幾經斟酌與討論，決定從預防的觀點著手，將未來工作的重點放在防治「有害健康的危險因子」，推展的四大方向分別是菸害與健康、食品營養與健康、心理衛生與健康、環境與健康。我們也邀請這些領域的專家給予指導，比如請輔大食品營養系蔣見美教授（已故）、台灣大學食品科技研究所孫璐西教授來帶領食品營養與健康方面的工作；請台灣大學醫學院宋維村教授帶領心理衛生與健康方面的工作；請台灣大學土木工程學系楊萬發教授帶領環境與健康方面的工作；菸害與健康的部分則由嚴董事長和我一同負責。

當時嚴董事長擔任基金會的執行長，我則擔任第一任的副執行長及常務董事，協助整體架構的規劃，由無到有，和同仁們一步步把基金會建構起來。

基金會成立一年後爲了進一步宣導基金會理念、提供各類健康資訊、與民眾有更佳的互動管道，再加上一九七七年WHO發表了基層醫療保健宣言，因此我以「要讓人民更健康」的概念建議嚴董事長創辦大家健康雜誌，嚴董事長對於這個建議很贊同，覺得是個難得的創意，於是雜誌很快就出版，至今這本雜誌已由會訊轉變爲上市發行的月刊，仍不停地傳播健康的理念。同時在食品營養方面，基金會也長期輔導網球神童王思婷的飲食規劃；在菸害防制上，不停地呼籲正視菸的危害，向菸說不……。外界可能很難想像基金會剛成立的時候，只有四名工作人員，但在嚴董事長的帶領下，基金會一直持續關心民眾健康，從未缺席。

嚴董事長在我的印象裡是個正直、個性鮮明、嫉惡如仇的人，只要這件事對大多數的人有利，不管阻力多大，他一定會做，爲了反菸，他不畏懼對抗菸商。我在嚴董事長身上看到了「堅持」的精神，這是成功的非營利團體組織（NGO）必備的要素。本人能在基金會成立初期，有這個機緣，參與這些有意義的社會公益工作，心中一直引以爲傲，日後也希望能盡一己之力，協助基金會達成「大家健康」的使命。

（作者是慈濟大學校長）

旺盛的求生意志

魏　崢

很早以前我就認識嚴董事長了，那時董氏基金會除了推動菸害防制的工作，同時也宣導器官捐贈的理念，第一次與嚴董事長碰面，記得是討論如何結合醫療體系的力量推廣器官捐贈的觀念。

那時民眾對器官捐贈的了解不像現在這麼全面、深入，必須花費很大的力氣去教育民眾，爲了推廣器官捐贈遺愛人間的精神，我們很努力地辦活動，一步步地把器官捐贈的觀念推廣出去。不管是記者會、座談會或戶外大型的造勢活動，總能見到嚴董事長一馬當先，旁邊則有基金會的終身義工孫越和陳淑麗共同全力以赴地投入。他實事求是、熱心公益的形象，一直深深烙印在我的心底。後來，嚴董事長邀請我擔任董氏基金會的董事，我便義不容辭地答應，日後並協助成立器官捐贈協會，讓器官捐贈事宜有專門負責的機構。

最近一次遇到嚴董事長，是在民國九十年董氏基金會的董事會議上，他看起來神采奕奕，講起話來中氣十足，不知情的人很難想像他正在和攝護腺癌對抗。聽基金會的同仁說，他每隔一段時間就得進行例行性的手術，然而，手術後的隔天，他一定會打起精神進來辦公室，讓同仁看到他最好的一面，不讓同仁擔心，聽了我很感動，在

他身上，我看到了旺盛的求生意念及堅持到底的毅力。（作者是振興醫院院長）

以上編輯按作者姓氏筆劃序排列

特輯 2

我的父親

不畏艱難的生命鬥士

女兒　嚴嘉華

我的父親是一位對生命充滿熱情的人，也是一位眞誠永遠的朋友。我直到六歲才和父親一起生活。我永遠忘不了他在香港迎接我的情景。父親準備一架新的鋼琴在香港等著我，因爲他知道我正在學鋼琴，然後他帶我去買新衣服。因爲父親的愛和關心，幫助我很快地適應和祖母的生活，祖母一直照顧著我，是我童年生活中最重要的一個人。

小孩子總是很排斥一些事情，像是強迫我，要我吃飯、吃維他命，父親非常地嚴格，教導我們要循規蹈矩，雖然小時候無法完全接受，可是待我長大成人，我明白父親的教育，是在幫助我肯定我自己。

父親重承諾，言行一致，我非常信任父親。父親對兒女的教育有自己的一套模式。父親要教我們游泳，就先在游泳池外教我們游泳的基本姿勢，然後再要求我們下水練習，父親生動獨特的教法，加上我們對父親的信任，讓我們很快就學會游泳。

八歲時我見到我的祖母，祖母不時提起父親的好，這些都讓我深深以父親爲榮。

十九歲時，我有一些反叛心理產生，可是，因爲父親和母親的愛和教導，我們都能接受良好的教育，而且都能在人生中找到自己的定位及發展。

這些年父親經歷很多變化，住過不同的國家，走過不同的地方，說著不同的語言，經營不同的事業，這些都在在顯示，父親是一位勇敢、不畏任何艱難的生命鬥士。

2002/5

愛與善良的化身

女兒　嚴嘉美

每當我想起父親，在我的腦海中就會浮起愛與善良，以及這兩者所包含的一切意涵。我想用「愛」與「善良」來描述父親是最適切的。

對我來說，父親是世界上最好的爸爸。他教導我們有關生活與生命的價值：愛、信任、忠誠、尊重、自尊與正義。這是父親送給他孩子一生中最寶貴的禮物。今天我們四個兄弟姊妹能夠接受最好的教育，獲得博、碩士學位，擁有快樂的人生並且事業有成，眞的要感謝父親爲我們樹立了最佳的典範。

在我們小時候，父親總會陪我們玩，耐心地聽我們說話，並教誨我們許多道理。我甚至可以這麼說，我們是在父親完整的愛、照顧及關懷中成長的。我記得在四歲那年，幼稚園幫每位小朋友注射卡介苗，結果我起了很嚴重的副作用。當我回到家，父親見到這種狀況就立即將我送到醫院，及時就醫。後來聽父親提起，我才知道當時我的情況非常危急，如果沒有及時送醫，我的性命可能不保。我還記得每次我生病時，父親會將葡萄去掉皮和籽，然後親自餵我吃。我想只有以全部的愛來呵護孩子的父親才會有如此的耐心。

在我們成長的過程中，父親對我們的愛、信賴與信心，常讓我們覺得我們是備受呵護，那是一種放心、自信與幸福的感覺，此外，父親也常教導我們要獨立思考。年紀愈大，我更深深地覺得這種愛的感覺對一個孩子的人格成長是多麼地重要與寶貴。

父親相信我們，從不懷疑我們的智慧與能力。因此，我們也相信自己能做許多事，而且能做得很好。當時我們除了到一般學校上課，同時也是音樂學院的學生。我們在這兩所學校皆表現優異，嘉華和我學鋼琴、嘉英學小提琴，即使是小小的進步，父親總會熱烈地鼓掌和大聲地讚美我們，每個人都可以看得出父親是多麼以我們為榮，父親的鼓勵一直激勵著我們不斷地求進步。

特輯 2

我的父親

父親常和我們一起做許多事。我們會到鄉村俱樂部、農場或是海邊消磨週末時光。我永遠也不會忘記每天晚餐後父親爲我們講故事的快樂時光——父親躺在床上，我們滿懷著興奮與期待圍繞在父親身旁，聆聽他講故事——那幅畫面永遠是那麼鮮明與溫馨。從父親所講的故事中，我們學到很多東西，諸如教育的重要性和凡事必須盡心盡力。

父親常教我們人生要有理想，要實現理想，就要腳踏實地，全力以赴，使美夢成眞。我記得十六歲那年，我告訴父親我要學開車，父親解釋汽車的構造與功能，在紙上畫圖講解如何換檔，讓我了解如何開車。然後他就把汽車鑰匙交給我，坐在我身邊，告訴我對自己要有信心，並叫我發動車子，就這樣開始練了起來。寫到這裡，我又想起父親教我們游泳的往事，父親說：「第一要信任父親，父親會游泳，會在你們身旁保護你們。第二對自己要有信心，人的智慧比狗還要高，狗一下水就懂得保護自己，知道要划動四隻腳，把頭浮在水面上，所以我要你們把自己當作狗，學狗游泳，等你們學會像狗一樣游泳，我再教你們正確的方法。」聽了父親的話，我們很簡單地就學會游泳，我不知道有多少個父親能夠像我爸爸對他的孩子一樣這麼有信心。

我甚至覺得沒有任何一件事會難倒父親。住在巴西的一個小城鎭時，因爲沒有中國食品店，我們都很想念中國食物，於是父親學會做香腸、牛肉乾、豬肉乾和肉鬆。我們眞的很幸運能有這麼疼愛我們的父親。

父親常以他年輕時的一些故事，例如他在日本留學的往事，來教導我們要做一個有愛心、對國家忠誠、奉公守法的好國民。父母親於美國印地安那大學留學時，我在美國出生，而且我長年定居國外，但是父親教誨我們以身爲中國人爲榮。

父親是天生的老師，在中國大陸時他在大學兼職教書。在巴西，他常受邀到大學演講。我還記得他曾對一群巴西的大學生講授儒家思想，並向他們介紹自由中國台灣。今天，父親孜孜不倦地提醒世人吸菸有害健康，將這份才華運用於幫助人們提升生活品質。

父親待人非常寬宏大量，記得農場有一位工人非常不誠實，幫我們賣米時，偷偷藏了一些米，父親知道這件事時，並沒有責怪他而且還原諒他、幫助他。只要知道有人需要幫助，父親總是及時伸出援手，而且從不要求回報。在巴西爲父親工作的一位郁先生，父親不僅出資協助他開餐館，而且將家裡的一些家具擺飾送給他裝飾餐館。

特輯 2

我的父親

父親對我們的教導有許多是來自他的身教，他對父母親的敬愛與關懷數十年如一日，一直是我們學習的榜樣。祖父母一直住在上海，當時中國大陸的生活非常貧苦，父親每個月會匯錢回去孝敬祖父母，從未間斷。父親對外祖父母也是非常敬重與關心，讓我們覺得父親是位難得的孝子。小時候，外祖父母從香港來巴西小住，父親總是想辦法讓他們住得很愉快舒適。外祖母是虔誠的佛教徒，常要打坐，父親特地爲她準備一張舒適的椅子。父親還特別向木匠訂製一張有抽屜的橋牌桌給外祖父母，好讓他們方便打橋牌。外祖母喜歡吃水果，尤其是西瓜，父親就買了很多的水果和西瓜。

父親對祖父母非常敬愛，我到三十一歲才見到他們，但是從小我們常聽父親提到祖父母的事，從父親的口中我知道祖父是一位非常傑出的企業家。

由於父親希望在祖母生日時，舉辦一個溫馨的家庭聚會，將散居全球各地的子女和孫子女齊聚一堂向祖母祝壽，讓老人家開心，共享天倫之樂。因此在祖母九十二歲生日那年，我來到從未到過的故鄉——上海。我眞的很感謝能有這個機會進一步認識祖母、伯父、叔父和多位親友。

從父親爲祖父實現夢想一事，可以感到父親對祖父的崇敬與愛。他資助祖父開畫展、出畫冊，並將祖父對孔學的研究印製成書。不僅如此，他還請上海秦建君教授將祖父的一生寫成傳記出版。

在這裡我特別要提到，父親不僅對家人很好，對朋友也是一樣關心。在巴西時，父親的一位朋友罹患癌症住進醫院，於是父親多次親自下廚煮了一些特別的料理送到醫院給那位朋友。對了，作菜也是父親的才藝之一。

現在，父親以尊重生命的理念，將所有的時間奉獻於服務社會與推動拒菸運動。在他所推動的拒菸活動中，協助無數的人們獲得更健康、更好的生活。父親就是這麼一個有愛心、有善心的人，無私地將所有的時間和精力用於幫助他人。也因爲這樣，不僅在台灣，而且在國際上有很多人都認識父親。到今天，父親已獲得許多獎章，感謝他對人們所做的貢獻，我相信繼續會有更多的榮耀加諸於父親。

近十年來，父親的促成，我們每年都會有一次家庭聚會，那是一個充滿愛的聚會，我們珍惜與家人相聚的日子，彼此間的親情也因而更加濃厚。一直到今天，從父親身上我們仍可以學到家庭親情的重要，愛每一位家人就是找時間與他們相聚，時時保持連絡，以及與家人分享生活的點點滴滴。

特輯 2

我的父親

當我寫這篇文章時，我發現很難用文字來形容父親的偉大、仁慈與他對我們的愛。能有這樣的父親，我覺得非常幸運與驕傲，他是，也將永遠是，我最敬愛的父親，以及我和我的孩子們最佳的學習榜樣。

一生的好榜樣

女兒 嚴嘉英

我的父親——嚴道博士，是一位了不起的人。雖然我擁有醫學博士學位，二十多年的工作經驗，但我很誠心地說，父親是我所認識，最有智慧的人。該如何形容父親呢？閃過心頭的是：堅毅、樂觀、寬厚和樂心助人。父親有個不可思議的人生。他所經歷過的重大打擊，非常人所能忍受。過去幾年，我多次試著寫自己的故事，其中也是因爲我身上所有的，來自父親的影響使然。我知道時機成熟時我一定會完成的，因爲我所有的成就都是來自我的父親。

當我小的時候，時代雖然不平靜，但我並未感受到日子有什麼不同。我在愛和呵護中長大，生活無憂無慮。可是父母親的生活卻發生很大的改變。因爲不能回到上海，父母親只得前往香港——我的出生地。排行老三的我，在九龍擁有美好的童年回憶。是什麼樣的困苦艱難的生活，促成父母親做出離開九龍，前往一個未知的國度的決定，我並不記得，我只記得前往大西洋彼岸的巴西，是一段充滿歡樂的旅程。父親總是保持愉快的心情，玩著賓果遊戲。對我來說，巴西之行是一趟夢幻之旅，他們是多麼用心安排，深怕孩子們感受到他們的憂慮。

在巴西生活不是一件容易的事。父親來自上海大戶人家，語言不通，又要在一個小地方展開新的事業。父親還是要求我們要適應不同的文化生活。

父親對孩子極有耐心。他深信我們每個孩子都是最好的。我一直都是班上功課最優秀、音樂表現最好的學生。他堅信只要努力就會成功。小鎮沒有什麼文化，所以他經由支持藝術家來支持地方文化。小鎮上有不同民族，他不僅要讓我們融入其中，同時也要做社會中的菁英。

父親對我信心滿滿，我怎會不成功呢？父親的全力支持，讓我深信我能完成任何事，而這正是現代心理學家強調的：呵護、愛心、支持和信任。想要有成功的孩子，父母親的支持非常重要。每個人都知道，自信是成功的重要因素。我以前曾學過小提琴，我知道以前一定拉得很難聽，可是父親會在打盹時要我拉琴，他總是耐心聽著，

特輯 2

我的父親

我十一歲加入樂隊時，他一次又一次地陪著我排練，他告訴我們四個孩子，受教育是人生最重要的事「沒有人可以奪走你的知識」。他不僅讓我受教育，並且讓我們接受最完整良好的教育。我上游泳課、網球課、音樂課等等，我們是多麼地幸運，雖然在巴西小鎮，父親仍為我們創造出這麼與眾不同的生活！

在我們小的時候，父親即教育我們要去幫助不幸的人。愛心奉獻是我們生活的一部分。我還記得，有一次我辦一個聚會，剩下許多餐點，我計畫第二天送去孤兒院，沒有想到第二天一早，我卻發現餐點不見了，原來父親已經早我一步將餐點送去孤兒院了！

在我十四歲時，不幸的事發生在我們身上。父親的工廠遭到祝融之災，付之一炬（一九六四／二／二十三）。我們家也在父親生日那天失火（一九六四／六／二十八）。不久，我們姊妹又發生車禍，車子全毀（一九六四／十一／二）。一連串不幸的事件，一次又一次地，讓我對父親的處變不驚，留下深刻的印象。就在工廠失火的第二天，我坐著工廠貨車去上學，儘管外界認為我們家會就此倒下，但我們仍昂首往前，面對困境。原本我預定要在家裡辦聚會，但一把火毀了我們的家園，可是父親仍堅持舉辦。我們在戶外搭了一個大帳棚，我和朋友們都度過了一個非常開心的夜晚。所有客人都很驚訝我們在這樣的情況下，還能辦出這麼成功的聚會。車禍發生後，我們姊妹都很擔心父親會因爲車子受損而沮喪，但父親擔心的是我們，知道我們都平安無事，父親非常高興，絕口不提車子的事，也不問是誰的錯，只要我們毫髮未傷，他就安心了！

我的家庭生活在我十六歲時結束。父親在一九六五年十月搬去台北，我的兩個姊姊也離家唸書（Pauline嘉美前往俄亥俄州克里夫蘭，Gloria嘉華前往巴西的Porto Alegre唸書）。父親信任我，要我照顧弟弟，直到第二年六月。一九六六年八月，我前往美國完成我高中最後一年學業。那時的我，已經很難去重新適應一個有著不同語言、不同文化，以及不同社交生活的環境。但完成學業是我最重要的目的。父母親一再強調，要我明白，教育是人生最重要的事，沒有任何事可以取代。

當我回頭看自己的人生，我會想，我不斷回學校唸書，父親究竟有什麼想法。我不只得到藝術學士學位，同時也取得Ph.D.，以及醫學博士學位。在我求學的十一年間，父親的支持讓我生活無虞。他對我的愛和支持從沒動搖過。這點和美國父母親，在孩子十八歲時就要他們自食其力，有著非常大的差異。

父親在台北時，仍和以前一樣，持續從事慈善助人工作。藉由董氏基金會的工作，他把自己公益的心，從以前單純的奉獻，擴大服務整個社會。經由各項公益活動，他努力影響周遭的人，加入公益的行列。他推動菸害，希望所有人都能知道吸菸的害處；推動營養教育，希望大家都能吃得好吃得健康；強調正視憂鬱症，希望每個人都能追求心靈健康的生活。他是一個慷慨寬大的人，「施比受更有福」是他的生活信念。

我的姊妹們總說，父親是世界上最幸福的人，因爲他有母親在旁照顧他。母親是世界上最善良最有愛心的女性。母親平日照顧父親無微不至，特別是父親因治療攝護腺癌赴美就醫期間，我看到母親不分日夜，衣不解帶地陪伴在父親身邊，夫妻情深，令我非常感動。在美國結束療程後回到台灣，母親遵從醫師的指示，照顧父親飲食起居，父親在母親的愛心悉心照顧下，大有起色，父親恢復情況非常好，這讓當初治療父親的美國醫師大爲讚美。父親的健康，是偉大的母親帶給他的，帶給我們全家的。我們深深地感激母親的偉大及辛勞。

我現在已經是一位頗有成就的眼科醫師，名列全美最優秀的醫師之一。我同時也是克里夫蘭眼科醫師協會（Cleveland Ophthalmological Society）及泛美視覺疾病協會

（Pan American Society of Ocular Inflammatory Diseases）兩會主席。我有兩個女兒，一個在Case Western Reserve University法學院讀書，另一個在哈佛大學唸三年級。我感謝我的父親，我希望我能做的和父親一樣，我也相信——施比受更有福。沒有父親的支持、信心和無私的愛，就沒有今天的我。我所有的成就，都歸功於我的父親——我人生最好的榜樣。

May 12, 2002

積極樂觀，情感豐富

兒子　嚴嘉隆

父親面對困境時的積極態度，對旁人的關心，以及領導董氏基金會從事社會公益，都是我景仰父親的地方。我願意在這裡和大家分享一些父親較不爲人知的小故事。

一九五五年到一九六五年，我們全家住在巴西，那是段美好的回憶。父親在巴西南部的一個人口約十五萬人的小鎮Pelotas經營麵粉工廠，生產餅乾及義大利麵等產品。

特輯 2

我的父親

父親非常重視子女的教育，他與我們姊弟一起閱讀，教我們速讀，教我們增進記憶力的方法，當我四、五歲被送進學校，父親鼓勵我看書，他買各類我愛看的書，可以說已達每天一冊，平均每星期我可以看四到五本書。每本書看完後就送給學校圖書館。父親教我讀書也讓我學會奉獻。從此我養成看書的好習慣。我隨身帶著書，不論任何地方，任何時候，我隨時看書讀書。

當我四、五歲時，父親給我一部新腳踏車，我從沒騎過兩輪的腳踏車，父親用他的方式教我騎車，父親先將車扶穩，等我踏上車，他就教我如何踏板，然後重重地把我往前推，我可以騎一會，但不久就失去平衡跌在地上，他要我爬起來再來一次，他再從後面推我一把，直到我掌握到騎車的感覺，而且可以自己保持平衡爲止。我身上雖然多了些跌倒的傷口，可是我卻在短短一個下午學會騎腳踏車。

父親也用同樣的方式教我游泳，我有三個姊姊，他的方式是先在陸上示範，教她們如何揮臂和踢腿，然後就要她們入水練習。我那時還小，可是我也是下水練習，父親要我像小狗一樣拍水，我一點都不怕，因爲我知道父親就在旁邊，不管我發生什麼事，父親都會照顧我。在我們孩子心中，我們有信心，父親會永遠照顧我們。

父親對我們充滿信心。當我八、九歲時，我可以騎單車到另一個小鎮去找朋友。他也很放心地讓我住在家族朋友的農場過暑假，在牧場上騎馬。他要我們節省，但只要在預算內，他也會讓我們自己決定如何用錢。對於我們的教育，他要求非常嚴格，他期待我們在學校表現優異，但也絕對尊重我們。父親感情豐富，有一次我們因爲遲到而被關在學校大門外，他發了一頓大脾氣，對我們的行爲感到失望，他認爲我們沒有責任感，因爲遲到誤了一天的課程。可是當我們表現好的時候，他一點也不吝於表現他的喜悅和驕傲。

「用餐時刻」是我們家的重要時光。父親總是回家和我們共進午餐，我也常邀請朋友來我家，朋友們也都很期待到我家吃晚飯。我家的晚餐總讓我的朋友們口水直流。父親廚藝精湛，他常常下廚，做出好吃又特別的菜給我們享用。我們住的地方沒有中國餐館，也只有一個中國家庭，所以父親就得自己來。不只是中國菜，各國料理也難不倒父親。有次朋友送我們幾隻打獵到的大野雁，父親就煮了一頓野雁大餐讓我們大飽口福，當日的美味至今仍讓我回味無窮。

Pelotas是一個傳統小鎮，居民多是世代居住於此。然而父母親卻很快地贏得當地人民的敬重。父親喜愛打橋牌，同時也是扶輪社團的中堅分子，探助孤兒院和支持文化活動更是父親的最愛。他贊助論文寫作比賽，捐贈數千本書做爲獎品。

父親有一雙好耳朵，對音樂鑑賞力極高。任何旋律只要聽過一次，他馬上可以隨口哼出，或是在鋼琴上彈出相同旋律。每個星期天在教堂，父親總是熱情地唱著讚美頌。他鼓勵我們學習樂器，我姊姊遺傳到父親的天賦，鋼琴及小提琴琴藝極佳。父親同時也精於繪畫及素描。

一九六六年我搬回台北，我的三個姊姊因爲就學關係，或留在巴西，或前往美國。父親那時已較少下廚。父親在家時，喜歡在清晨或黃昏看報紙，他喜歡看體育節目，特別喜歡看美國職籃賽。浮在我眼前的畫面是：父親躺在床上看著報紙，臥室的電視機播著體育節目，而餐廳裡的電視播著新聞。玩麻將也是父親的最愛之一，因爲玩麻將不僅可以動動腦，更可以邊吃零食邊和好友聊天。這位可愛的祖父，甚至還教他的小孫子——Sebastian打麻將喔！

父親樂善好施，對人充滿信心，永遠往前看，保持樂觀。我很高興和大家分享我父親溫暖善良的一面。

2002/5

後　記

尋找知音

尋找知音

嚴　道

時間過得可眞快，彷彿昨日，自己仍是青春年少的小伙子，一轉眼，今日的自己，已是白髮蒼蒼的老人。

八十多年的歲月，該算是很長的一輩子，要說回憶，只消幾分鐘的時間，一輩子馬上來到眼前，尤其是我掌舵董氏基金會、從事公益的這十八年。

《公益的軌跡》是寫我一生的故事，一開始，我並不願意出版這本書，因爲我自認在公益的路上，我只是盡一己之力，做我所能做，並不足以爲外人道。直到基金會執行長葉金川先生策劃出版《菸草戰爭》一書，以記錄董氏基金會十八年來在菸害防制上努力的歷程的同時，積極促進《公益的軌跡》成型，連同寫書的作者也一併安排妥當，準備好記錄下我一生投入公益的心路歷程，以激勵後人，我才在不違背葉執行長的好意下點頭，但是也由於我不夠熱心，因此兩本書的發行時間表，一再往後延。

抽菸改變了我的一生，破壞了我的身體健康，讓我割除了右肺大葉，也因爲這樣，使我決心將退休的時間，奉獻給社會，希望藉此讓國民知道菸的害處，不要像我一樣，無知地染上菸癮。

成立董氏基金會，實在是一種緣份，當初董之英先生如果沒有受到商場上不道德的詐騙，董先生也不會找上我幫忙，也不會在問題解決之後，一起成立了董氏基金會，做社會服務工作，宣導預防重於治療的觀念。

大多數的人都是看到社會上有問題的部分，卻看不到那些努力解決問題、熾熱的心，以及付出的行動。基金會成立之初，一開始並未受到各界重視，可謂形單影隻、孤軍奮鬥，但一路走來，總在關鍵時刻，獲得各界的援手，得以衝破重重的難關，我深信「德不孤，必有鄰」，也感謝上天對我的厚愛，在公益的路上，我不曾感到孤單，只有隨著歲月的前進，累積更多感恩的心。

記得比基金會早一步成立的消基會，那時的柴松林教授及李伸一秘書長，給予我們相當的支持、幫助與教導。我記得柴松林教授以青蘋果鼓勵我，同時勉勵我勿做爛蘋果；而當時環境品質文教基金會及新環境基金會的趙少康、林信和律師也同樣給予我支持，至今，在各項公益的宣導上，趙少康從不曾推託，林信和律師更成為董氏基金會義務的法律顧問，協助基金會很多的法案推動及訴訟工作。

不得不提的是董氏基金會的三位終身義工，孫越、陳淑麗、吳伯雄。孫叔叔曾是電影金馬獎影帝，當他退出演藝圈開始做公益，是以董氏基金會作爲起點，當時我向記者們宣布，「孫叔叔從演藝圈的小舞台退下來，今後以天跟地，以及良心作爲大舞台，從事公益的工作，我們歡迎孫叔叔一起參與。」

陳淑麗我們都稱她阿麗姐，她在公益上的付出，一向奮不顧身，我非常欽佩，甚至因爲公益而耽誤了她的演藝事業，以至慢慢淡出，成了完全的公益人，在此謝謝她。

吳伯雄當台北市長的時候，形象非常好，是很多年輕人的典範，我因看見媒體上的他抽著菸，寫信給他、並多次親自勸他以自己的健康與良好形象爲重，因此成爲好朋友，他也因而加入終身義工行列。

歷屆的衛生署長對基金會也都相當支持，我的很多國際拒菸友人都非常羨慕我，認爲今天董氏基金會在拒菸方面的成就，一方面是因爲我的努力，一方面是受到政府首長的支持，我眞是一個非常幸運的人。

這一路走來，受到無數的幫助與扶持，數也數不盡，但是我常懷感恩心，相信大家在公益的路上心心相印，攜手前行，也就不拘小節一一感謝。

與十八年前相較，今日願意加入公益行列的人愈來愈多，尤其近年，台灣歷經九二一地震，象神、納莉颱風等災害，每一次的災難，我們都感到悲痛，但是也看見慈濟等團體，站在第一線協助救難，更有不知名的人士，不計個人安危，奮身救人，每每讓我感動，除祈禱台灣早日脫離苦難，也祈禱人心能夠向上。

人生如浮雲，一眨眼即消逝。我常想：最美好的、最富裕的，一刹那即成過去；最痛苦、最貧窮的，也是一刹那即成過去。因此我們應珍惜我們的生命、了解生命的眞諦，盡力活在當下、也幫助別人的健康快樂人生。

最近我有一件高興的事情在此與各位分享。我一向笑我的堂弟嚴凱泰「戒菸豬八戒」，因爲他多次向我說要戒菸，總是無法堅持、功虧一簣。近來，他看我這十八年來的努力，再度感動，宣布旗下企業全面禁菸、全體員工一起戒菸。我堂弟是一位青年才俊、成功的企業家，我勉勵他當企業界戒菸代言人，做一件空前絕後、眞正爲國家社會有貢獻的事情，聯合工商企業界拒菸，期望在台灣努力爭取加入世界衛生組織的此時，將此視爲企業家自己的責任，團結各界一同努力。

這本書出版了，對於葉金川執行長的堅持我非常感恩，期待因爲這本書，只要社會上能多一個人投身公益，我也就不負葉執行長當初的堅持。

附 錄

- 嚴道博士略紀
- 嚴道博士得獎記錄

嚴道博士略紀

1921
・出生。祖籍上海市。兄弟姊妹七人，排行老二。

1935
・就讀東吳大學附設中學。

1937
・八一三淞滬戰役，日本攻擊上海。

1938
・發起「一碗飯運動」，救助抗戰時期挨餓受凍的流民。
・進入東吳大學法律系。

1941
・休學。赴日報考京都帝國大學。
・考取京都帝國大學經濟系。從事地下工作。

1944
・自日本秘密潛返大陸。至重慶參與對日抗戰工作。
・完成大學學業。
・在中央日報寫政治評論專欄。在武昌市中華大學和東吳滬江聯合大學兼任講師職。

1945

・上海「三老」入獄事件。創立「新夜報」。

1946

・赴美攻讀法學博士。

1949

・取得美國印地安那大學法學博士學位。定居香港。創立「亞洲建業公司」。

1955

・定居巴西。開設可達大麵粉、食品工業公司。

1965

・舉家遷台。分別投資經營大南客運公司、中美矽晶、尚華工業、污水處理廠、汽車零件工廠、理嘉工業等企業。

1984

・董氏基金會成立，任董氏基金會執行長，董事長為董之英先生。

2002

・一月，董氏基金會中部辦公室成立。

・三月，董氏基金會東部辦公室成立。

嚴道博士得獎紀錄

1980　泰國公共衛生部部長頒發促進泰國人民健康之「傑出貢獻」獎牌。

1982、1990　分別獲華僑救國總會頒獎表揚。

1987　榮獲行政院衛生署頒發獎牌及「三等衛生獎章」。

1989、1991　分別獲頒行政院衛生署頒發「促進公共衛生」獎。

1988　獲頒中華民國推行好人好事協會「好人好事」代表、中華民國扶輪教育基金會獎。

1988、1992　榮獲教育部「傑出社會教育有功」之團體及個人獎及勛章。

1989、1992、1993　分別獲頒行政院衛生署推動拒菸運動有功獎牌。

1989　獲頒第四屆吳尊賢愛心獎。

1990　獲頒泰國衛生署保護泰國國民健康獎。

1991　獲頒行政院環境保護署「促進公共衛生」獎、國際扶輪社第三四八〇地區「傑出社會服務」獎、和風獎「傑出社會風氣改善」獎。

1992　獲頒和風「傑出社會運動領袖」獎。

1993　獲頒世界衛生組織在世界禁菸日對推動拒菸運動有功獎、獎狀。行政院衛生署保護國民身心健康有功三等勛章、獎牌。

1994　獲頒國際亞洲防癌及早期發現學術發表會「傑出貢獻」獎。

1995　獲頒國際扶輪社第三四八〇地區毒品濫用防制推動「傑出表現」獎。

1989～1995　獲頒國際扶輪基金會「保羅哈理斯」獎共六次。

1996　獲頒美國防癌協會華人分會「功在華人」獎。

1997　獲頒財政部優良納稅人獎。

1998　獲頒國際華府反菸大同盟貢獻獎、製藥公會醫療貢獻獎、中華民國公益團體服務協會「第一屆國家公益」獎。

1999　獲頒台北地方法院榮譽調解「息爭止訟，熱心公益」獎。

2000　總統府致九二一大地震救災感謝狀。獲頒東吳大學一百年校慶東吳菁英獎、行政院衛生署公共衛生貢獻一等獎章。

2001　獲泰國國王頒發「泰王最高三等司令勳章」。獲亞太地區拒菸協會大會致頒感謝其對亞太地區人民健康之貢獻獎章。

國家圖書館出版品預行編目資料

公益的軌跡 / 張慧中、劉敬姮作. -- 初版. --
臺北市 ： 董氏基金會, 2002〔民91〕
面； 公分.

ISBN 957-41-0432-X (平裝)
1. 嚴道 - 傳記 2. 董氏基金會

782.886 91013312

公益的軌跡

策　　劃◎葉金川
作　　者◎張慧中、劉敬姮
總 編 輯◎葉雅馨
執行編輯◎黃惠玲
校　　對◎蔡大山、楊育浩、蔡婷婷

發 行 人◎嚴　道
出 版 者◎財團法人董氏基金會
地址：105台北市復興北路57號12樓之3
電話：02-27766133 傳真：02-27522455
網址：www.jtf.org.tw
郵撥帳號：07777755 財團法人董氏基金會
法律顧問◎志揚國際法律事務所吳志揚主持律師
美術編輯◎莊士展 電話：02-87320348
電腦排版◎陽明公司 電話：02-25363181
印 刷 廠◎椿峰印刷 電話：02-27979097
總 經 銷◎展智文化事業股份有限公司
地址：220台北縣板橋市松江街21號2樓
電話：02-22518345

定價◆新台幣260元

初版◆2002年8月